고슴도치
크게 웃다

고슴도치 크게 웃다

초판 1쇄 발행 2025년 8월 29일

지은이 박광예
펴낸이 장길수
펴낸곳 지식과감성#
출판등록 제2012-000081호

주소 서울시 금천구 벚꽃로298 대륭포스트타워6차 1212호
전화 070-4651-3730~4
팩스 070-4325-7006
이메일 ksbookup@naver.com
홈페이지 www.knsbookup.com

ISBN 979-11-392-2768-0(03810)
값 16,800원

- 이 책의 판권은 지은이에게 있습니다.
- 이 책 내용의 전부 또는 일부를 재사용하려면 반드시 지은이의 서면 동의를 받아야 합니다.
- 잘못된 책은 구입하신 곳에서 바꾸어 드립니다.

'지식과감성#'
홈페이지 바로가기

고슴도치 크게 웃다

박광예 수필집

첫 수필집을 내면서

 어려선 말이 없었습니다. 그렇다고 할 말이 없었던 것이 아닙니다. 많은 이야길 가슴에 담았습니다. 담다가 보니 쌓였고, 쌓이다 보니 넘쳐서 어느 날부터인가 쓰지 않을 수 없었습니다. 지금 생의 한가운데서 살아가는 이야기들을 고향 언덕에서 금계국 향기를 맡으며 쓰고 있습니다. 몽테뉴가 『수상록』에서 밝힌 수필의 정의대로 말입니다. 마치 천국에 앉아 있는 것 같습니다. 내 고향 여주가 가장 아름다워 행복하고, 너무 아름다워 현실 세계가 슬플 때도 있습니다.

 시가 빗대서 자신의 감정을 쓰는 거라면, 수필은 살아온 삶의 진솔한 기록이라고 생각합니다. 또한 희로애락의 감정을 솔직히 쓴 글이며, 삶의 철학이 녹아 있는 고백의 글이기도 합니다. 어려선 말이 없어 있는 듯 없는 듯 했고, 청소년이 되어 주목받았지만, 방황의 시간이 길어 고통스러웠습니다. 아픈 시절로 다시는 돌아가고 싶지 않지만, 방황의 얘기는 잃어버린 시간을 떠올리게 해 시, 수필, 소설로 남겨 놓았습니다. 하지만 아직 필력이 다다르지 못해서 좀 더 연마하여 다시 가지고 돌아오겠습니다. 그래서 이번에 내보이는 것은 어른 때의 이야기가 주로 많습니다. 솔직히 고백하자면 부족한 글을 내보이는 것이 한없이 부끄럽지만, 첫 작품집을 통해 작은 위안과 행복감을 함께 나누고자 합니다.

올해로 2년째, 안윤희 선생님의 시와 수필 창작 수업에 참여했습니다. 어쭙잖은 습작 원고도 칭찬의 합평으로 완성도를 높여 주어 첫 수필집을 상재합니다. 부족한 글을 내보이는 것이 부끄럽지만, 작년보다 올해가, 어제보다 오늘이 일신우일신(日新又日新)하니 기쁩니다. 끄적거리면 다 글인 줄 알았습니다. 수필의 이론과 실제, 창작법, 퇴고와 합평 그리고 출판하는 방법까지 배우니 전장에서 총이 아니고 부채 들고 싸우는 격이었던 걸 깨달았습니다.

더할 수 없는 싱그러운 6월, 지금도 여주는 야생화가 피고 집니다. 아름다운 강산 위에서 자신의 존재를 알리기 위해 꽃으로 열매로 열심입니다. 유난히 올해는 금계국이 노란 들판에 안개같이 피었습니다. 망초꽃이 아련히 엄마와의 추억도 불러냅니다. 함박꽃 가꾸던 엄마가 활짝 핀 꽃 속에서 환한 얼굴로 웃고 장미 향기까지 더해져 향수를 불러오는 계절입니다. 잠시 고향을 떠올려 보며 잊었던 누군가를 추억하는 휴식이 되길 바라봅니다.

끝으로 아흔이 넘어서도 4남매 곁에 계신 든든한 아버지, 그 아버지를 잘 모셔 주는 남동생과 올케, 가까이서 살뜰하게 아버지 챙기는 여동생과 제부, 두 딸과 사위, 아들에게 고마움과 사랑을 전합니다.

2025년 남한강이 흐르는 고향 여주에서
박광예

수필집 출판에 대한 축하의 글

 그동안 글 쓰는 재미에 푹 빠져 계셨는데 이제 그 결과물이 세상에 나옵니다. 기다리고 기다리던 엄마의 첫 수필집에는 솔직하고 꾸밈없는 삶의 모습이 고스란히 담겨 있겠지요. 누구나 자신이 좋아하는 일을 할 때 기쁨을 느끼고 열정을 쏟지요. 올 한 해 가장 엄마다운 옷을 입고 실력을 발휘한 엄마에게 박수를 보내 드리고 싶습니다. 소중한 수필 속에서 온전히 엄마의 영혼을 느껴 보도록 하겠습니다. 그동안 글 쓰느라 고생하셨습니다. 그리고 축하합니다.

큰딸
전하정

나의 누님은 특별하다

 특별한 환경에서 특별한 형제들의 이야기들을 자유롭게 풀어 내는 재주가 있다. 사람마다 다양한 환경 속에서 각자의 체험 속에 느끼는 바, 인생 이야기와 삶의 애환들은 어쩌면 금방 들으면 사라지는 말들보다 오래 기억에 남을 것이다. 구체적인 문자와 글로써 재련하고 다듬어 나타낸 우리 누님의 글은 울림과 공감이 더욱 깊을 것이다.

 그런 의미에서 이번에 누님이 책으로 내는 수필집에는 일면의 단편적인 삶의 이야기들이 들어 있겠지만, 남이 겪지 못했던 자신만의 체험들이 녹아 있으며, 그 사람의 처지와 아픔과 상처들을 글로 소통하고 이해하면서, 상호 마음을 치유하기도 하고 또한 공감할 수 있는 내용일 것이다.

공감!! 그것은 남의 입장이 잠시 되어 보는 것으로 생각한다.

그리고 이해는 사랑을 낳게 되며 그 사랑으로 말미암아 의미 있고 때론 가치 있는 삶을 이어 나가는 동기로 작용하는 경우가 우리네 일상에서는 빈번히 일어난다.

빈번하기에 소소한 이야기들을 잊고 지내게 된다.

그러나 좌우를 분변치 못하는 어린 날 이야기든, 지성이 깃든 철이 난 시절의 이야기든 삶의 순수성이 중요하고 그런 인간 초심의 내면세계가 우리의 영혼에 울림을 준다고 믿는다. 인간의 욕심과 욕망 그것이 지나쳐서 고민이 되고 그것이 더욱 부풀어 전쟁이 되는 인류의 파괴와 피의 역사를 보면서 우리는 왜 순수성을 잃어 가는지 다시금 되돌아볼 시대에 살고 있다고 생각된다.

변질되고 배신하고 욕심과 모함으로 가득 찬 세상에서 순수하게 사랑하고 서로 믿고 용기를 북돋우는 삶의 질서가 우리네 세상에는 너무나 절실하다.

그런 의미에서 선물을 준비한 산타크로스의 존재를 믿고 순수하고 착하게 살아 내는 어린아이들처럼, 이런 이야기는 동심과 순수로 여행하게 한다.

그런 연유로 누님 수필의 세계로 여행해 보시길 추천해 드린다.

**2025년 6월 8일 세상에서 단 하나밖에 없는 남동생
박광소 드림**

글 쓰는 나의 언니

　내 초등학교 저학년 시절, 10살 위의 언니는 학업으로 객지에 나가서 주로 생활했지만, 가끔 몇 개월씩 집에 와서 같이 지낼 때가 있었는데, 학교 끝나고 귀가하면 이것저것 학교생활에 관해 물어보곤 했다. 특히 국어 시간 작문을 한 날이면 "제목이 뭐니? 어떻게 썼니? 선생님이 뭐라셨어?" 특별히 선생님께 칭찬받거나, 전체 학생들 앞에 뽑아서 낭독해 주셨다고 하면, 기쁨을 감추지 못하고 표현 하나하나 캐묻곤 했다. 어린 여동생 앞에서 파란 표지로 된 낡은 시집을 읽어 주곤 했는데, 내 나름대로 상상의 나래를 모락모락 피우며 머릿속 형상 그림을 그리곤 했었다. 이것들은 중고등학교 시절에 국어 교과서에서 다시 만나게 된 시들도 많아서 추억의 시가 애송시가 되었다.

　나의 학창 시절에 글짓기로 받은 많은 상장과 여기저기서 받은 찬사들은 모두 언니로부터 받은 영감 덕택이다. 오랜 교직 생활을 은퇴하고 난 후 요즘에 글 쓰는 언니를 보면 행복해 보인다. 제 옷을 찾아 입은 것 같아 기쁘다. 머리가 온통 흰색으로 덮여 가고 큰 목소리에 화통한 웃음소리, 옛날이야기를 즐기며 주름 패도록 웃는 모습 속에 하늘나라 가신 엄마의 모습이 겹쳐 보인다. 여자는 나이 들면 친정 엄마 닮는다고 했던가!

2025년 6월 8일 여동생
박미옥 드림

출판 진심으로 축하해

집에서는 어머니의 역할을, 학교에서는 선생님의 역할을 하느라 당신 자신을 스스로 잊고 살다가 이제는 글 쓰는 데 시간 가는 줄 모르며 행복해하는 모습을 보니까 자식으로서 또 엄마의 영향을 받아 누군가를 가르치는 일을 하는 사람으로서 기쁘고 다행이라는 생각이 들어.

여태까지는 세상 속에서의 많은 바람대로 일을 하면서 살았다면 이제는 자신이 보여 주고 싶었던 세상으로 마음껏 독자들을 데려가 주면 좋겠어.

출판 다시 한번 축하해!

**당신을 사랑하고 응원하는 아들이
전준혁**

차례

4 　 첫 수필집을 내면서

1. 나와

14	거울 깬 여동생
19	들꽃아, 너의 넋은 어디에
25	노래하는 남동생
29	살구가 익을 무렵
34	작은 기적
40	우산 도둑
43	용문산에 오르다
48	고슴도치 크게 웃다
53	하여튼 한번 해 보라
57	다른 무늬 속 같은 점
61	생명의 은인
66	나의 신앙생활
70	나의 버킷 리스트 탑 5
75	가을 용문산에서
77	내 멋대로인 내 인생의 패션

2. 가족의 삶

83	아들 군대 훈련소 소동
89	고슴도치의 외출
95	머피의 법칙
98	아들 알바 참견
102	내가 살던 고향은
106	이혈 치료(耳血 治療)
111	첫 나물
113	태몽
117	거실 속 화분
121	말하는 새
125	헤어져야 할 시간
130	아버지의 긴 그림자
138	소심한 복수
141	크리스마스의 속임수
145	어느 청년의 도움

3. 지혜의 샘

- 151 벗이란
- 152 소수의 의견
- 154 현시대 사이코패스는
- 158 가장 어리석은 일
- 162 100퍼센트
  다 완벽할 순 없잖아
- 165 우리말을 사랑하자
- 169 특별한 삼일절 일기
- 176 남녀 차별
- 180 경고등
- 186 인심 변화

4. 길 위에서 만난 사람들

- 195 선물
- 199 구하라 그럼 구할 것이요
- 204 보라색 열매 집을 가다
- 209 어떤 마을 경로당
- 215 아흔넷의 노인
- 217 뜻밖의 반전
- 223 시각의 오류
- 225 철 이른 봄 냉이
- 229 고양이 밥 주는 여자
- 233 고향 전철 시승식
- 236 어떤 사랑
- 241 봄나물 전쟁
- 245 길 위의 사람들
- 249 쑥밭에서
- 254 보름달의 유혹
- 257 강변에서 만난 새 친구

거울 깬 여동생 / 들꽃아, 너의 넋은 어디에 / 노래하는 남동생 /
살구가 익을 무렵 / 작은 기적 / 우산 도둑 / 용문산에 오르다 /
고슴도치 크게 웃다 / 하여튼 한번 해 보라 /
다른 무늬 속 같은 점 / 생명의 은인 / 나의 신앙생활 /
나의 버킷 리스트 탑 5 / 가을 용문산에서 /
내 멋대로인 내 인생의 패션

1.
나와

거울 깬 여동생

　내게는 8살 밑의 남동생과, 10살 밑의 여동생이 있다. 내가 고1 때 막내 여동생은 7살 아기에서 갓 벗어난 동생이었다. 나는 집을 떠나 I시 학교 기숙사에서 기거하며 학교에 다녔다. 어쩌다 가끔 집에 가면 늦게까지 엄마 젖에 매달려 있던 막내 여동생. 엄마는 너무 늦게까지 젖을 못 뗀 동생의 젖을 끊고자, '아까징기'라는 빨간색 약을 발랐다. 낮에는 안 먹더라도 무의식 속에 밤에 다시 젖을 빨아서 말짱 도루묵이 되곤 했다. 엄마 품에서 늦게까지 젖을 먹던 여동생의 눈이 유난히 까맣게 빛나서, 엄마는 막내의 눈을 보며 오목한 까만 눈이 이쁘다고 말하곤 했다. 몸이 유난히 가냘프고 약했던 엄마는 그래도 막냇동생이 젖을 먹을 때 표정이 무척이나 행복해 보이셨다.

　아기였던 동생들이 어느덧 커서 남동생은 60을 바라보고, 여동생도 곧 오십 대 말이 되었다. 아니 그리 작았던 동생들이 언제 큰 건지, 세월 유수라더니 그 말이 딱 맞다. 남동생은 어려서부터 충실한 크리스천이었는데 중학교 시절은 아예 교회에서 살다시피 했다. 촌동네라 인물이 없던 곳에서 남동생은 어려서부터 조그만 초등학생

동생들의 교회 오빠가 되어 지도 했다. 남동생은 늘 바빠서 내가 공부를 가르칠 시간이 없었다.

초등학교 6학년이던 여동생이 집에서 좀 한가해 보여 그때 여동생의 공부를 봐주고자 했다. 난 그때 이미 대학생이었다. 그리고 좀 있으면 중학교에 들어갈 여동생이 반 배치 고사를 보기 때문에 좋은 성적을 내기 위해 남은 한 달 동안 맹훈련하고자 했다. I시 서점에서 총정리 문제집 2권을 사다 읽고 가르치는데, 시골에서 공부 안 하고 자유롭게 놀던 아이 가르치니 어찌나 힘들던지, 때때로 나의 목소리가 높아졌다. 심지어 목소리가 약간 갈라지기까지 했다. 소리가 높아지면 밖에서 일하던 할아버지는 "아니, 남동생을 가르쳐야지 왜 자꾸 여동생만 가르치냐."라고 소리치곤 했다. 한국은 5·60년 전까지만 해도 어른들에게 남아 선호 사상이 심했다. 그래도 난 뚝심 있게 계속 여동생을 지도했다. 여동생은 글짓기를 잘해서 여주 관내에서 최우수상도 타고 제법 글재주도 있는 똑똑한 아이였다. 한데 이상하게 숫자 계산에 약해서 산수를 가르칠 때 많이 애를 먹었다. 그래서 산수 공부할 때마다 야단 아닌 야단을 치는 일이 생겼다.

건넌방에서 공부를 가르치던 날이었다. 엄마가 시골에 두어 번 왔다 갔다 하는 양평행 차를 타고 양평 장을 가셨다. 그때가 아마 방학 시즌이라 여동생 공부를 거의 하루 종일 가르치고 있었다. 오후 시간에 산수를 가르치는데, 반복된 설명에도 동생이 이해를 못 하고 계산도 하지 못했다. 아마 내 손으로 동생 등을 쳤던 것 같다. 아무튼 분란이 나고, 화가 난 동생이 일어나 책상 앞에 있던 장롱의 큰 거울을 발로 차서 산산조각을 내고 말았다. 깜짝 놀라서 멍하니 있다가 곧 엄마가 시장에서 돌아올 시간인 걸 알고, 빨리 수습해야겠다고 생각했다. 동생에게 급하게 말했다.

"동생아, 엄마 곧 올 시간이야. 거울 깨진 것 알면 너 매타작 난다. 빨리 같이 치우자. 넌 내가 책임지고 엄마에게 말 잘해 놓을게."

그때 나는 대학생이니 엄마가 나를 때릴 순 없으실 테고, 어린 동생이 엄청나게 깨질 것 같았다. 급히 치우고 버스 올 시간 되어 집 밖으로 내달으니, 좀 있으니까 버스가 왔다. 저녁 앞두고 오는 차이니 오후 5시쯤 되었고, 막차였다.

엄마가 내리자 나는 달려 나가 이래저래 하여서 공부 가르칠 때 내가 과하게 혼내서 화가 난 동생이 거울을 찼다. 동생은 하나도 잘못 없고 다 내 잘못이다. 동생 혼내지 말라 등등. 집에 들어오기 전 내 설명을 이미 들은 엄마는 깨진 거울 앞으로 가시더니 "시상에 시상에, 어찌 거울을 다 찬다냐." 하시면서 혀를 끌끌 차며 어이없어 웃으셨다. 그러곤 우리가 덜 치운 유리 조각을 깨끗이 안전하게 치우셨다. 치우면서 몇 번 어이없어 웃으셨다. 그러나 동생이 맞거나 하진 않았다. 난 한숨을 돌리고 여동생이 화나면 아주 무섭다는 것을 새삼 깨달았다. 나도 조심해서 가르쳐야겠다고 생각했다.

그러나 며칠 안 남은 배치 고사를 위해 계속 공부를 해서 마침내 고사를 잘 치렀다. 바람대로 1등 성적으로 들어간 것은 아니지만 좋은 성적으로 학교에 들어갔을 것이다. 시골 학교지만 동생은 들어가서도 선두 그룹에 속해 공부했으니까. 그리고 리더십이 있어 반장, 부반장을 훌륭히 해내었고, 노래도 잘해 독창 대회에도 나갔었다. 그런데 가사를 잊어버려 노래를 부르다 하차했다나. 그래서 한참을 웃었다.

옛날얘기를 하게 되면 언제나 빠지지 않고 등장하는 거울 깬 이야기. 나중에 어떻게 거울 깰 생각을 다 했냐고 물으니, 언니가 머리를 때려서 너무 화가 나 폭발했다고 했다. 하지만 난 내가 어디를 건드렸는지 솔직히 생각 안 난다. 그간 오랫동안 가르쳐 온 것에 누적되어 온 감정이 폭발했을 것이다. 그래도 꾹 참고 잘 배웠던 동생에게 지금 장하다고 말하고 싶다. 그때 딱 한 번 그랬으니까. 동생도 공부 잘하고 싶은 열망이 있었던 것이라고 믿는다.

거울 깬 그 동생은 매사 뚝심이 있다. 결혼도 남들이 원하는 바대로가 아닌 본인이 뜻한 바대로 밀고 나갔다. 그 당시 저도 가난, 상대도 가난한 사람을 만났지만 굴하지 않고 이겨 내 지금 남편은 남편대로 직장에서 명예를 얻었고 동생도 믿음 생활에 신용을 얻어 권사로 바삐 활동 중이다. 학생도 지도하고 해외 봉사도 나가 적극적으로 인생을 살아 내며 의미 있게 살고 있다. 뚝심이 있는 사람들은 자기 인생에서 주인공이 되고, 삶의 철학도 확실한 사람이 많다.

요즈음 동생의 그 무엇보다 훌륭한 일은 친정아버지께 효녀로, 아버지 모시고 병원 다니고, 철 따라 보기 좋은 장소 구경시켜 드리고, 맛난 것도 사 드리는 등 몸소 효를 실천하고 있다. 언니로서 고맙고도 미안하다. 동생아, 파이팅! 매사 승승장구해!

들꽃아, 너의 넋은 어디에

고향 마을을 지날 때면 습관처럼 중얼댄다. "쯧쯧, 사람이 안 사는 빈집이니 분위기가 너무 암울해."

부모님이 남겨 두신 집 두 채가 마을에 있다. 하나는 마을 안쪽 편에 있는, 중2 때까지 살던 오래된 집. 또 하나는 새로 지어서 나와 부모님과 내 형제자매만 분가해 살던 집. 그래도 지나는 길이면 엄마가 생각나 차에서 내려 잠겨 있는 집 안을 들여다본다. 봄이 오면 라일락꽃, 함박꽃, 수국 등이 차례로 피고 꽃향기로 넘치던 화단. 그 화단에서 굽은 허리로 과꽃, 국화꽃을 심고 가을을 기다리던 엄마. 지금은 돌아오지 못할 곳으로 떠나 아버지 옷가지를 넣어 둔 옷장만이 그 집을 지키고 있다. 아버지가 남동생 집으로 일신을 옮긴 뒤, 고향의 시골집은 죽은 집처럼 고요하다 못해 서늘한 느낌이 든다.

차를 운전하고 가면 외평리란 이웃 마을이 있고 외지로 나갈 때는 이 마을을 반드시 거쳐 간다. 바로 우리 마을 옆 마을이기 때문이다. 중학교 입학하면서 걷던 길을 떠올려 본다. 이 마을 지나고, I 마을 지나 중학교까지 무거운 가방 메고 걷던 길······.

옆 마을에 아저씨같이 수염 나서 늙수그레하고 또래보다 나이 많았던 동급생 남학생이 두 명이나 있었다. 그땐 남아 선호 사상 때문에 남학생 수보다 여학생이 적었다. 그 당시 시골이라 버스가 하루에 1~2번 있었고, 걸어서 통학하면 1시간 반이나 걸렸다. 세 시간을 길에서 보내야 했던 내게는 유난히도 버거운 시간이었다. 무거운 가방을 들고 다녀 내 양쪽 손바닥은 역도 선수의 손처럼 못이 박였다. 못이란 요즘 말로 굳은살이다. 어느 정도 지나면 아주 딱딱해져 칼로 단단한 살을 베 내곤 했다.

"야, 가방 안 내놔? 빨리 내놔."
가끔 귀가할 때 짓궂은 옆 동네 두 살 많은 설희란 동급생이 내 가방을 빼앗아 달아났다. 여학생들은 대부분 걸었고, 남학생들은 자전거를 타고 다녔다. 마구 달려 쫓아가면 또 달아나곤 했는데, 같이 다니던 친구는 놔두고 내 가방만 늘 빼앗아 가곤 했다. 그 당시 옆 마을만 지나가면 짓궂은 동네 아이들이 "설희 마누라, 설희 마누라."라고 나를 놀려 대는 통에, 설희를 어찌나 미워했는지 모른다. 동네에 가서 얼마나 내 얘기를 하고 다녔으면 저렇게 동네 똘마니들이 놀리나 속상하여 그 마을 안 지나고 가는 방법이 있나 연구했다. 우리 마을 뒤쪽으로 난 길로 가서 고개를 넘어 학교에 세 시간 걸려 한 번 가 보고는, 두 번 다시 고갯길로 가지 않았다. 그 애가 나를 좋아하든 안 하든 달갑지도 않았고 싫기까지 했다. 비록 시골이지만 나의 관심사는 공부를 잘하고 싶은 마음이 커 이성에는 전혀 관심이 없었는데 설희의 이상 행동은 계속되었다. 더구나 공부도 열심히 하지 않고 얼굴 생김도 못생겼던 남학생이었다. 중2 때던가 시골엔 야생 꽃이 철마다 피고 지었다. 하얀 망초꽃이 마치 메밀꽃처럼 잔잔히 멋스럽게도 피는 계절에, 방울이 달린 풀꽃을 길게 꺾고 하얀 망초꽃을 잔뜩 꺾어 만든 꽃묶음을 받았다. 하굣길 집에 오는 도중 옆에 친구들이 있거나 말거나 꽃다발을 내게 건네던 그 친구. 그동안 그 친구 행동이 못마땅해 뒤에서 마구 욕하던 나였고, 학교에도 소문이 날 정도였다. 청소년 시절엔 공부도 잘하고 얼굴도 잘생긴 미소년을 좋아했는데 그 친구는 이리 보고 저리 봐도 내 취향이 아니었다. 아무튼 그가 준 꽃다발을 내팽개치고 그동안의 몇 배의 화를 내며 "이런 미친×아, 하다 하다 별짓을 다 하네."라고 욕을 퍼부었다. 그것이 그를 낙담하게 했는지, 지금까지 하던 행동을 싹 멈추고 돌아서게 되었다. 난 솔직히 좋아했던 것이 아니었기에 기분이 시원하고 좋아졌다. 중3 때는 그 남학생이 다른 여자애를 좋아한대서 차라리 잘됐다고 생각했다. 고등학교 가려고 나름으로 공부를 열심히 하고 있었다. 그때는 시험 봐서 가고 싶은 학교를 갔던 때이고 시골에서도 전국 어디든 갈 수 있었던 때였다. 고등학교를 마치고, 우여곡절 끝에 대학도 마쳤다. 50여 년 전에다 시골이라 그런지 여자를 왜 대학에 보내느냐고 먼 도시 친척까지 찾아와 반대했지만, 아버진 굴하지 않고 대학을 지원해 주셨다.

대학 졸업 후 교사로 재직하던 중 시골집으로 부모님 만나러 버스를 타고 가다가 갑자기 왜 그런 생각이 들었는지 옆 동네에서 내렸다. 날 좋아했다는 그 친구 집을 물어물어 찾아갔다. 그래도 한창 사춘기 시절 나를 좋아했다는데 나도 모르게 한 번쯤 찾아가 사는 모습이나 볼 생각이 들었다. 소문으로는 고등학교만 나와 동네에서 농사짓고 산다고 했다. 물어물어 갔더니 내 나이 겨우 26살이며 그 친구는 28살인데, 마누라와 아이 둘과 함께 마침 한집에 모두 있었다.

"헤이, 설희야."라고 부르니, "이게 누구야?" 하며 깜짝 놀라 어리벙벙하여 있다.

당황해하더니 갑자기 마누라에게 "이 친구가 내가 중학교 때 짝사랑하던 애야. 와, 한 10년 만이네."

마누라에게 소개하니 까만 얼굴에 미소를 띠며 방그레 웃던 그 애의 부인과, 물끄러미 나를 바라보던 아이들. 결혼했다고는 생각을 못 하고 찾아갔던 건데. 내가 한 번도 호의를 보여 준 적 없던 친구, 그가 결혼한 줄도 모르고 안부나 물어보려고 찾아갔었다. 좋아한 적은 없지만, 순수했던 시절을 생각했을 때, 그의 마음이 아무것도 아닌 것이 분명히 아니었다. 뇌 한쪽에 과거가 무의식으로 남아, 내면적 세계에 퇴적암처럼 쌓여 있어, 현실에서 다시 과거를 불러내고 있었다. 낯설게 서 있는 그 가족을 보면서 진심 잘 살았으면 하는 것이 나의 바람이었다.

가만히 나를 보던 그 친구가 "너, 이뻐졌다."라며 본인의 마누라 앞에서 이 말을 하기에 내가 웃으며 "그러니? 고마워. 하지만 네 와이프도 이쁘고만." 하고 받아쳤다.

그렇게 주고받은 대화가 20분이나 됐을까. 솔직히 마누라와 어린 애들까지 있는데 무슨 말을 더 주고받는다는 말인가? 사실은 망초 꽃다발을 모욕한 것에 대한 미안한 감정이 마음속에 부담으로 남아 있었다. 찾아간 이유가 어찌 사나 궁금한 것도 있었지만, 중학교 시절 미안했단 말을 해 주고 싶어서 들렀던 거다. 결국 아내, 자식이 있고 할 짬이 없어 못 하고 나왔다. 그 사건은 흘러간 세월 속에 다시 묻히고 말았다. 하지만 내가 그 친구의 자존심을 욕으로 되갚은 것은 두고두고 후회되었다.

난리를 쳤던 사춘기 시절의 그 친구는 일찍이도 장가들어 시골에서 자기 삶을 꾸려 가고 있었다. '잘 살라'는 말로는 꽃다발 박살 냈던 사건에 대한 미안함을 다 상쇄시킬 수는 없지만 진정성 있는 말로 여러 말을 덧붙이며 그 집을 나왔다. 이것이 내가 결혼 전 마지막으로 본 모습이다.

교사 생활로 내가 바빠 시골을 전혀 생각하지 않고 살다가 결혼 후 애 두엇 낳고 고향 갔을 때 아마 40 중반에 우연히 옆 마을 소식을 들었다.
"설희가 자살했어. 마누라가 속 썩여서 죽었다고들 해."
동네 사람 누군가로부터 전해 들었고 그 소식은 나를 놀라고 매우 슬프게 했다. 한쪽이 일방적으로 좋아한 풋사랑이었어도, 그 애가 타인에게 부당 취급을 당하고 산 것에 대한 분노와 통한의 슬픔이 밀려왔다. 행복하게 잘 살았으면 얼마나 좋았을까?

 나이 50도 안 돼서 이 세상을 달리한 그 슬픈 한 인간의 역사에 마음이 아렸다. 이리 짧게 살다 갈 거면 말이라도 상냥하게 할 걸. 늘 망초꽃이 밝은 태양 아래 언덕에서 양털 구름처럼 흩어지는 오월이 오면, 사춘기 시절 나에게 한 청소년이 순수하게 받쳤던 온전한 사랑이 마음에 떠오른다. 그것은 내 인생의 귀중한 일부로서 엄연히 존재한다는 사실이다.
 아, 들꽃아! 네 넋은 어디에서 헤매고 있니?

노래하는 남동생

내게는 특별한 남동생이 한 명 있다. 초중등 시절부터 노래를 부르면 시골 학교에서 큰 구경거리 난 듯 동생 교실로 학생들이 몰리곤 했다. 노래를 잘한다는 소문이 나 교사들이 수업 시간이 좀 남으면 동생에게 노래를 시켰다. 그때 동생이 부른 노래는 늘 「비목」이었다. 어려선 목소리가 우렁차고 변성기 전까진 높은음도 거뜬히 소화해 내서 자랑스러웠다.

이런 가운데 시간이 흘러 고3이 됐다. 그 당시 교회를 위해서 많은 시간을 할애했던 동생이라, 학과 공부에는 별로 관심이 없었다. 신학대를 가려나 했지만, 어머니 반대로 동생은 지방 대학교를 졸업 후 일반 회사의 직원이 됐다. 동생은 태생이 성실한 사람이지만 아부나 아첨을 못 하는 성격이라 처음 회사에서 사오정이 유행할 때 사표를 내야만 했다. 좋은 회사였는데…….

그 후 정말 공장 같은 회사에서도 묵묵히 일했다. 자식이 셋이니 찬밥 더운밥 안 가리고 일해 다 대학 보냈고, 조카들도 착해서 사회인으로 자기 역할을 잘해 나가고 있다. 이 모든 것이 다 하나님 은혜

1. 나와 25

로 여기며 사는 중간중간 힘든 시기도 있었지만, 올케와 힘을 합쳐 잘 극복하고 행복한 가정의 열매를 맺었다.

동생은 교회 활동을 착실히 했고, 노래에도 관심이 많아 연습을 틈틈이 했다. 솔직히 어려선 고음이 잘 올라가 테너가 될 줄 알았다. 성장 후에 보니 하이 바리톤이었다. 지금은 교회 성가대에서 중심이 되어 합창하고 있으며 가끔은 솔로 역할도 한다.

우리 가족은 현충일인 6월 6일과 추석날 우리들이 자란 촌 동네에서 모두 만난다. 유월은 엄마 기일이 있는 달로 엄마의 묘비가 있는 곳으로 가서 기도하고, 그 뒤 동생의 노래 「청산에 살리라」를 듣는다. 엄마의 묘비가 있는 산속에서 듣는 동생의 노래는 그야말로 금상첨화로 엄마도 들으실 것 같다. 그만큼 이 노래가 실감이 난다.

회사 생활로 야근까지 감행하던 동생의 몸은, 생각도 못 하는 사이 심장에 문제가 생겨 수술까지 받게 되었다. 스탠스 2개를 심장에 박고 열심히 살아가고 있다. 내년이 환갑인데, 그 와중에도 노래 연습을 게을리하지 않는다. 그러던 중 어느 날 '페이스북'에 올라온 노래하는 영상이 이전과 달랐다. 글쎄 이번에 「네순도르마(Nessun dorma)」에 도전한다면서 올린 그 노래는 당연히 버거워 보였고 듣기에도 힘들었다. 약간 높은 바리톤 음색인 동생은 늘 테너를 부러워했던 것 같다. 각자 자기가 타고난 음색이 있는데, 동생은 바리톤 음색으로도 아름다운 노래를 많이 부를 수 있었다. 하이 바리톤이라 웬만한 노래를 소화했고 듣기에도 좋았다. 한국 성악가 중 김동규 씨의 영역이기도 하다. 페이스북에 올라온 그 영상을 보니 높은음을 내려고 얼마나 애를 쓰던지. 더구나 심장에 스탠스 시술을 받은 데다 테너도 소화하기 힘든 그런 노래를 헉헉대며 억지로 하는데, 듣는 동안 어찌나 힘들던지.

그래서 난 결국 공개적으로 바리톤에 알맞은 노래를 하라고, 건강이 염려된다며 참견하고 말았다. 누나로서 진정 걱정이 되어서다. 본인의 음색에 맞는 노래도 엄청나게 많다. 굳이 테너도 어렵다는 노래를 택해 억지로 소리 내는 것은 여러모로 마땅치 않다. 듣는 사람 부르는 사람 다 부담이 된다.

남동생이 노래에 미련을 가지고 있다는 걸 알긴 했지만, 버거운 노래까지 하면서 자신의 특기 단련하는 걸 보니 누나로서 마음에 찔렸다. 고3 때 진로를 잘 생각해서 성악과로 보냈다면 저렇게 미련 가지지 않았을 텐데. 시골 농사로 음대생 뒷바라지가 쉽지 않았다. 그때 나는 사회 초년생으로 영어 교사 시절이었다. 내가 철이 좀 일찍 들었더라면 경제적인 면이라도 거들지 않았을까 싶어 마음이 아프다. 매일 노래를 부르면서 사는 동생이 짠하다.

물론 본인은 건강하다고 말한다. 컨디션 좋을 때는 높은 음역의 노래도 잘 소화한다. 하지만 「네순도르마」 같은 최고 음의 영역은 누나로서 염려가 되는 것이다. 다행히 요즘 동생은 본인에게 버거운 노래는 하지 않는다. 각자에게 허락한 고유한 소리의 영역을 감사하게 받아들이고, 자기의 몸에 맞는 노래를 열심히 불렀으면 한다. 앞으로 동생이 건강히 살며, 좋은 노래 많이 부르며 잘 살아가길 기도한다.

"잘했어, 동생아. 난 네 노래가 제일 듣기 좋단다. 파이팅!"

살구가 익을 무렵

살구 하면 무엇이 떠오르는가? 어떤 사람은 '살구꽃이 필 때면'이란 구절로 시작하는 「18세 순이」란 트로트가 떠오른다고 한다. 하지만 나에게는 '훈자'와 '춘다'라는 마을의 살구꽃 핀 모습이 떠오른다.

'훈자'와 '춘다'란 곳은 교육 방송 프로그램 중에서 '세계 장수 마을' 중의 하나로 소개된 적이 있다. 이 마을은 파키스탄의 북쪽에 있는 마을인데, 이곳 대부분의 사람이 120살까지 산다. 그리고 여자의 수임 기간이 70세, 남자는 90세까지 가능했다니 놀랍다. 물론 문명의 때가 묻기 시작한 지금은 수명이 달라지긴 했지만. 그리고 장수의 비결로 살구란 과일이 가장 큰 이유라고 과학자들이 입을 모은다. 약 7천 미터 산들이 병풍처럼 둘러진 훈자와 춘다 마을. 봄 되면 살구꽃이 만발하여 뒤의 히말라야 설산과 어울려 절경을 이룬다. 이곳을 여행한 사람들은 다시 가 보고 싶은 여행지로 반드시 이곳을 일등으로 꼽는다고 한다. 중국이나 한국 화가들이 그 옛날 무릉도원이라고 화폭에 옮겨 놓던 곳이 이 마을이었다는 것은 이미 알려진 일이다.

올해 우리 아파트에도 벚꽃과 더불어 살구꽃이 탐스럽게 피고 지었다. 살구가 많이 달릴 것 같은 희망이 생겨, 비록 살구나무는 한 그루지만 마음이 흐뭇했다. 6월 말쯤부터는 살구가 익어 아파트 뒤뜰에 떨어지기 시작하는데, 이 무렵 난 아침마다 나가 살구를 몇 개씩 줍는 재미로 살아간다. 올해도 얼마나 달려 있는지 풋살구 열매라도 보려고 유심히 보지만 눈이 침침해 잘 안 보인다. 그러나 무언가 달려 있음은 확실하다. 금년도에도 예년처럼 살구를 기다리고 있다.

얼마 전 6월이 중순을 넘어가니, 아침에 궁금함이 커져 작정하고 안경을 쓰고 나갔다. 많이 달렸다고 생각한 살구를 아무리 눈 씻고 찾은들 딱 한 개만 보일 뿐이었다. 시험에 낙방한 사람만큼은 아니어도 갑자기 낙심하는 마음이 들었다. 어찌 이런 일이 있을까? 그러고 보니 나뭇잎이 무성하질 못하고 시들고 있었다. 분명 꽃은 벚꽃과 같이 화려하게 피어 있었는데…….

작년 이쯤이 생각난다. 노란 살구 열매가 하루에 5, 6알씩 떨어져 있었다. 6월 마지막 날 비가 많이 와 살구가 많이 떨어져 있겠거니 하고 다음 날 나가 보았다. 웬일인지 굳세게 나무에 붙어 있는 살구들. "와 열매가 힘이 세네."라며 혼잣말을 중얼거렸다. 그러더니 비바람에도 견디던 그 살구 열매들이 대낮 뜨거운 햇볕에 우르르 떨어졌다. 30여 개나 나뒹굴었는데 살구가 없는 지금은 작년의 살구가 몹시 그립다.

아파트 뒤뜰 위에 떨어진 보잘것없는 살구를 왜 그리 좋아하는지 의문이 들 것이다. 사람들은 그 나무가 살구나무인 줄도 모른다. 어떤 것은 잘 익어 벌어져 떨어지고, 또 어떤 것은 새가 쪼아 먹다 나머지가 떨어져 약간 상한 채로 떨어진 것도 있다. 지난 3년간 잘 다듬고 닦아서 먹은 살구 맛은 일품이었다. 이것이 살구를 좋아하는 하나의 이유이다.

또 하나의 다른 이유는, 막내아들을 살구 나오는 철 7월 초에 낳아서 유독 더 정이 간다. 살구를 좋아해 출산 선물로 친정 엄마가 살구를 사 와서 온 식구가 한바탕 웃은 기억이 난다. 엄마가 아마 살구가 몸에 좋다는 걸 아시고 사 오신 것이리라.

살구 영양 성분에 대해 나무위키란 사이트를 찾아보니 좋다는 영양소는 다 있는 듯하다. 비타민 A, 비타민 C, 칼륨, 식이섬유 등이 풍부한 과일이고 특히 베타카로틴 성분이 많아 항산화 효과가 뛰어나며, 눈 건강과 면역력 강화에 도움이 된다고 한다. 살구는 소화기 건강, 피부 건강, 면역력 강화, 심혈관 질환 예방 등 다양한 건강 혜택을 제공하고, 살구 씨앗에서 추출한 오일은 화장품과 약품으로도 사용되고 있으니 얼마나 좋은 과일인가!

더구나 살구는 오랜 역사를 가진 과일로, 아시아에서 기원하여 실크로드를 통해 전 세계로 전파되었다고 한다. 다양한 문화에서 중요한 과일로 여겨지며, 현대에는 중요한 농업 및 경제적 가치를 가지고 있는 과일이다. 특히 아시아가 고향인 살구라 더욱 마음이 가는 과일이니 많이 먹자고 홍보하고 싶다. 친정 엄마는 이런 과학적 지식까지야 없었지만, 삶의 경험에서 나온 지혜로 사 온 그 살구를 실컷 먹었다.

마트에서 사 먹는 살구는 나름 살구 맛은 나지만 어딘가 모르게 싱겁고 맛이 떫다. 우리 아파트의 살구는 달고, 새콤한 맛이다. 늘 먹으면서 파키스탄 '훈자'와 '춘다' 마을의 휘 늘어진 살구나무 가지를 그려 보곤 했다. '내 생전에 무릉도원이란 그 마을을 가 볼 수 있을까? 4월 말에 꽃이 핀다는데.' 하면서 말이다. 그러면서 언젠가 가게 될 날을 꿈꾸어 본다.

그렇게 몇 개씩 떨어져 한 열흘 지나면 살구가 자기 역할을 다하고 간다. 혹시라도 그 기간에 몸 상태가 좋아지면 살구 덕이라고 늘 말했다. 그 열매의 장점을 입에 거품 물고 식구들한테 늘어놓았다. 아들이 못 믿겠는지 살구를 먹어 보더니 의외로 맛나다고 가끔 같이 먹곤 했다. 가족들이야 내가 떨어진 살구를 줍는 것을 좋아하니 못 본 척해 주었다. 아파트에선 살구와 나만의 비밀스러운 인연이었다고나 할까? 누구도 줍지 않았던 버려진 그 미물은, 내 세계로 들어와 크나큰 의미가 되었는데, 그토록 기다리던 올해의 살구가 이렇게 없다니 이유를 잘 몰라 안타깝기만 하다. 나무가 얼마나 아픈지 매우 걱정이 된다.

'뿌린 대로 거둔다.'라는 속담이 있다. 살구나무를 위해 한 것이 하나도 없는 내가 열매만 거두려 한 것이 반성이 됐다. 올겨울에는 살구나무를 잘 보호하기 위해, 나무 몸통을 짚으로라도 싸 주고 보호해 주어야겠다. 건강한 나무로 되돌아오길 기원하면서 올해는 시장 살구라도 사 먹어야겠다.

작은 기적

　오늘도 문인 협회 카톡 접속으로 하루를 시작한다.
　'6월, 강천면 1일 투어가 있다'는 카톡 알림 문자 하나가 눈에 들어왔다. 일정 중 강천섬 관람이 있어 망설임 없이 바로 신청했다. 작년 11월 꽤 쌀쌀한 날씨 속에 열린 '에코뮤지엄' 사진 시화 전시회를 보러 처음 가 본 강천섬에 미련이 있었다.

　작년에 강천에 무슨 섬이 있나 의아해하며 지인과 주차장에 차를 댔다. 그 섬이 어디쯤 있는지 걸어도 걸어도 나오지 않으니 같이 걷던 지인은 다리가 아프다며 되돌아갔다. 나는 이왕 나선 김이라 오기가 발동해 '곧 나오겠지, 나오겠지' 하고 걷다 보니 다리를 건너 섬이 나타났다. 내가 아는 얕은 지식으로는 2008년에 시작된 4대강 정비 사업 중 가장 성공한 곳이 여주 남한강이다. 강변 정비 중 어찌어찌하여 마치 섬 모습이 만들어져 강천섬이라는데 맞으면 다행이고 아니면 말고, 실상 진실은 나도 모른다.

　같이 간 사람이 중도 포기하고 가는 바람에 걷는 걸음이 천근만근이었다. 그러나 섬 입구부터 섬 주변은 갈대와 억새가 뒤섞여서 바람에 물결쳤다. 풍경은 더없이 장관인데, 날씨는 쌀쌀해 옷깃을 잔뜩 여며야만 했다. 안내서에는 30여 분 걸어 들어가면 전시실이 나온다고 했는데 나올 기미가 보이지 않았다. 내가 지은 시가 사진에 담겨 전시되어 있다니 어찌 보러 가지 않을 손가. 간신히 도착한 전시장 입구는 열쇠가 굳게 잠겨 있었다.

허탈한 마음으로 돌아서 나오는데 동서남북이 분간되지 않으면서 그만 길을 잃고 말았다. 왔던 길을 머릿속으로 그려 가며 한참을 걸으니 처음 보는 길이 나타났다. 다시 방향을 바꾸어 걸어 보니 여기저기 쓰러진 고목이 시커멓게 버티고 있었다. 길을 막고 쓰러진 나무, 을씨년스럽게 비스듬히 쓰러진 나무, 장승처럼 버티고 서서 화를 내는 듯한 나무들, 모두 시커먼 색깔로 죽은 채 나뒹구는 나무를 보고 귀신 본 듯 소스라치게 놀랐다. 날씨까지 흐린 날이었다. 안 그래도 무서움이 많은 나는 환갑이 넘은 나이임에도 가슴이 쿵쾅거리고 떨림증이 왔다. 이런 마음을 당해 본 사람은 알 것이다. 죽음이 바로 우리 삶과 이웃하고 있음을 느끼게 된다.

다른 때는 사람이나 관광객이라도 있었으련만 그날은 보이지도 않았다. 갑자기 공포가 엄습해 왔다. 헤매다 보니 오후 3시를 넘어 4시가 가까웠다. 여주의 남한강이 만들어 낸 그 섬은 사실상 넓은 땅이었다. 길을 잃으니 이리저리 다녀 보아도 길 끝이 안 보이고 방향 구별이 안 돼 두려움이 밀려왔다. 분명 난 길을 잘못 들었다.

먼저 발 아파 되돌아간 지인에게 전화로 길을 잃었다 하고, 내 친한 친구에게 전화를 걸었다. 친구가 데리러 나오겠다는 답에 일단 안심하고 잔디 광장을 찾아 나왔다. 대명천지에 길을 잃어 보니, 크다면 크고 작다면 작은 조그만 섬에서 길을 잃었는데도 두려움과 공포감은 대단히 컸다. 숨이 차고 떨리는 증상이 왔다. 애도 아니고 어른이 길을 다 잃다니. 더구나 휴대폰 배터리도 방전되기 직전이라 충전하라고 알림 메시지는 계속 뜨고 있었다. 평소 아무 일 없어도 배터리 가득 채우고 다니는 사람이 바로 나인데. 사고가 나려니 평소와 무척 다르게 일이 전개되었다. 이리저리 오가다 전시장 건물을 보고 가까스로 숲을 빠져나오게 되었다. 나와서 보니 건물이래야 그 넓은 섬에 달랑 그거 하나였는데…… '이젠 살았어.' 하고 안도의 숨을 내쉬었다.

데리러 오는 친구는 한 30분 걸리니 잔디 광장 옆 화장실 주변에 가만히 있으라 했다. 말 잘 듣는 아이처럼 화장실 앞에서 하염없이 기다리다 확실히 깨닫게 된 한 가지가 있었다. 위험 상황에 제일 중요한 것이 핸드폰 소지와 충전 상태를 확인하는 것이었다. 앞으로는 반드시 가득 충전하리라. 우여곡절 끝에 친구를 만나서 나오는데 얼마나 반갑던지. 친구가 허리가 아픈데도 길 잃은 동년배 할망구를 위해 나온 것이 너무 미안함에 고맙다는 말을 생략했다. 미안함이 도를 넘으면 정말 말이 안 나온다는 것을 체득했다.

이런 연고가 있는데 강천섬으로 투어를 간다니 얼마나 반가운지.

무엇보다 고목의 모습이 어찌 되었는지 제일 궁금하였다. 고목 수십 개가 널브러져 스산한 모습을 자아내던 일명 고목 나뭇길의 공포감.

드디어 신륵사 주차장에서 야심 찬 1일 투어가 시작되었다. '에코 뮤지엄' 대표의 설명을 들으며 강천섬으로 들어가는 가장 빠른 길로 가게 되었다. 들어가는 길도 두 방면이 있었고 걸리는 시간도 다르다는 걸 그때 알았다. 올해는 한결 작년보단 가벼워진 걸음이지만, 정상일 때의 걸음걸이는 아직 아니다. 신록이 우거진 계절에 오니, 많은 모습이 나무 잎새에 가려져 있어 전체 모습을 보긴 어려웠다. 아직도 고목이 곳곳에 존재했다. 엄청나게 쓰러져 있던 수십 그루의 고목들은 치워지고, 간신히 몸 지탱하고 서 있는 고목들만이 드문드문 있었다. 주위의 싱싱한 이웃 청년 나무들을 축복해 주면서 그렇게 버티고 서 있는 것이다. 알고 보니 그곳을 '고사목 군락지'로 부르고 있었다. '고사목이여 잘 있어라.'라고 슬프게 마음속으로 되뇌었다. 나이가 들어 가니, 저 고사목의 모습이 한없이 관대하여 힘을 못 쓰는 나이 든 아버지나 늙어 가는 내 모습 같았다. 그런 모양의 광경이 오버랩되면서 동정심마저 생겼다.

아무튼 여주 강천섬에서 치매도 아닌데 웃지 못할 경험을 한 것이 바로 작년 11월이다. 올해 또 한 번 가 보니 감회가 새로웠고 계절 따라 섬의 모양이 확실히 다르다는 것도 알게 되었다. 잎새 잃은 휑한 모습의 늦가을은 신록이 가득 찬 계절보다 전체 모습이 잘 보여서 좋았다. 강천섬은 계절마다 다른 매력을 발산하는 것 같았다.

그런데 그날 이후 내게 두어 가지 이상한 일이 일어났다. 우선, 아주 위험한 상황에선 내가 어느 정도 걸을 수 있다는 걸 알았다. 평소에는 정말 잘 걸어야 겨우 5~10분 정도 걸었다. 심하게 안 좋을 땐 침대에서 일어나기도 힘들고, 누군가 말했듯이 숟가락 들 힘도 없어 밥 먹을 때 손이 털썩 테이블 위로 떨어지기도 했었다. 늘 종종걸음도 걷기 힘들고, 옷도 혼자서는 잘 못 입겠고, 목욕할 힘도 없어 물만 끼얹으며 살았다. 하지만 이렇게 극한의 어려움이 닥치니 필사적인 경우엔 특수한 도파민이 나오는지 그날 만 보를 걸었다. 핸드폰 도보 표시상 10,000보요, 시간상으론 2시간쯤 되었다. 나도 모르는 기적적인 일이 일어난 것이다.

또, 한 가지는 그날 이후 기적처럼 걷기가 그래도 전보다 수월해졌다. 다른 모든 움직임도 나아져 손힘이 어느 정도 돌아와 가까운 거리는 운전하고 다닌다. 목욕이나 옷 입기도 수월해진 건 당연하다. 모세의 기적이 있지만 여기 강천섬의 기적도 있다. 그 뒤로 집에만 있던 나는 차츰 모임에도 나가고 이런저런 공부도 하고 있다. 이것이 몸이 불편했음에도 나를 돕기 위해 나와 준 친구의 덕분이라 생각하니 다시 미안함 생겨 얼굴이 붉어진다.

고목 숲에서 길 잃은 사건은 두려움을 안겨 주었지만, 새옹지마 그것이 기적처럼 변하여 좋아지는 이상한 계기가 된 특별한 경험이 되었다. 영어에 'Give it a shot'이란 표현이 있다. '일단 한번 시도해 봐'란 뜻이다. 노년엔 아프다고, 나이 많다고 웅크리고 지내기 쉽다. 그러나 나이 들수록 '일단 한번 시도해 봐'라는 좋은 말이 참 가깝게 다가온다. 우리는 노령화 시대에 살고 있다. 이제 우리 시대가 온 것이다. 담대하고 당당하게 어깨를 펴고 열심히 살아가자.

우산 도둑

오늘은 오전 9시경부터 비가 오기 시작했다. 걱정된다. 6월 말쯤이니 장마가 시작될지에 신경이 쓰인다. 장마가 시작되면 빨래가 깨끗이 안 말라 내가 제일 싫어하는 계절이 된다.

지루하던 차에 반찬을 하려고 보니 참기름이 없어 마트에 가기로 했다. 나가려고 보니 여름비인데 비가 계절 잃은 양 봄비처럼 부슬부슬 온다. 일단 5분 거리 마트에 도착했다. 주차장에 차를 대고, 차에 앉은 채 우산을 펼지 말지 생각했다. 평소대로라면 비 와도 그냥 맞으면서 안으로 들어갔다. 차에서 마트까지 1분 내외였으니까. 어쩐 일인지 '오늘은 우산 한번 쓰고 들어가 볼까?' 하고 차에 보관된 큰 우산을 펴고 들어가다 마트 입구에 비치된 큰 통에 넣어 놨다. 비 올 때 늘 마트에서 하는 방식이니까. '괜찮을 거야.' 속으로 생각하며 들어갔다. 물건 살 것이 서너 가지라서 금방 나올 요량으로 정말 10여 분 만에 나왔는데, 우산을 두었던 자리에 우산이 없다. 비싼 우산은 아니지만 큰 우산이라 아까운 생각이 들었다. 그래서 마트 담당자 불러 CCTV 보려고도 생각해 보았다. 하지만 그렇게 잡아서 망신 주면, 속이 시원할까? 아닐 것이다. 늘 우산을 잃어버리고도 찾지도 않던 내가, 처음으로 우산을 잘 챙겨 보고자 했던 날이긴 했으나, 마치 세상 자비 다 베푼 느낌으로 다시 집으로 돌아갔다.

비싼 것부터 싼 것까지 잃어버린 우산 집합시키면 얼마나 될지 하고 생각해 보니 감이 안 온다. 이상하게 우산 잃어버리는 게 습관이 돼서 나중엔 아예 값나가는 우산은 못 사고 싸구려만 가지고 다녔다. 싸구려 가지고 다녔더니 덜 잃어버려서 신기하다. 하지만 남들보다는 훨씬 잘 잃어버려서 결국 비가 오나 눈이 오나 우산은 안 가지고 다니게 되었다. 좀 오면 맞고, 맞다 보면 그치니 훨씬 편했다. 한 가지 신기한 것은 아무리 쏟아져 내리는 비도 거의 30분 이내에 비가 느슨히 올 때가 있다. 우산을 안 가져가도 그때 행동하면 무리가 없다.

어느 날 비가 오는데 내가 미용실에 우산을 안 가져갔더니 미용실 아줌마가 나보다 더 큰 걱정을 했다.

"비가 오는데 어찌 가신댜?"

"걱정을 마시라. 아무리 퍼붓는 비도 멈추나니."

그러더니 미용사분이 정말이냐고 하면서 깔깔 웃었다. 내가 지켜보시라고 한마디 보탰다. 머리 깎고 이것저것 한 후 힘이 없어 머리까지 감고 갈라니 한 시간도 더 걸렸다. 그새 비는 그쳤다. 비가 웬만하면 종일 오는 게 아니고 오다가 그치다 한다. 미용사가 내 말이 맞는 것을 보고 "어머나 손님 말씀이 맞네요. 어쩜 그리 낙천적일까?"라면서 신기한 듯 밖을 내다봤다. 반드시가 아니고 대체로 그러니 우산 안 가지고 나간 날 너무 절망감에 빠지지 마시라.

  오늘은 무슨 운명의 장난으로 우산을 다 잃게 되었을까 생각했다. 참 남의 가방도, 돈도, 심지어 노트북도 가져가지 않는 나라에서 몇 푼 안 나가는 우산은 왜 가져갔을지 이런 생각에 이르렀다. 당장 사기 쉽지 않고, 바로 옆에 물건 있으면, 우산과 자전거는 급할 때 잘 가져갈 것 같다. "우산 도둑님, 다음부터는 가져가지 마시길. 한국이 세계에서 가장 양심적인 나라래요."

용문산에 오르다

양평은 엄마의 고향으로 친근한 곳이다. 양평을 대표하는 용문산은 양평군 용문면에 있다. 모처럼 여름휴가를 대신하여 아들과 찾아갔다. 아들이 운전하는 차에서 내다보는 차장 밖의 경치는 늘 좋다. 아직 땀방울 속에 바람 한 가닥이 미묘하게 가을 냄새를 풍긴다. 곧 가을이 올 것이다. 그러고 보니 8월도 하루밖에 안 남았다. 내일 모래부터는 공식적인 가을이다.

산으로 다가갈수록 용문산의 품속으로 빨려 들어가는 것 같다. 산의 품이 넓고 산하 거느리는 봉우리가 많아, 마치 살찐 곰이 살포시 앉아 점잖은 모습으로 사람들을 맞이하는 형국 같다. 용문산은 낮은 듯 높은 명산이란 걸 알 수 있다. 명산 중에서도 부하 봉우리를 많이 거느린 어진 임금이 가장 위에서 진두지휘하는 형상의 산이랄까. 아니면 할아버지가 손자 손녀들을 가슴에 품고 있는 모양 같기도 하고……

여름이 다 가는 끝머리에서 용문산 자락을 오르게 됐다. 다리 힘이 없어 도중까지만 올라갔다가 내려올 것이다. 용문산 입구에 들어서면서 무언가 분위기가 달라졌음을 느꼈다. 양평을 근 4년 만에 오는데 올해는 차를 그늘에 세워 놓아 기분이 좋았다. 평일이라서 한산하고 널널하여 마음이 상쾌했다.

부랴부랴 매표소 입구에 다다르니 매표소에서 입장료를 안 받고 우리보고 빨리 올라가란다. 감사 인사를 하고 올라가는데 기분이 좋았다.
"무슨 이유로 입장료가 이리된 거지?"
용문산 입장료가 비싸 올 때마다 '양평 부자 되겠다.'라고 하며 부러워했는데. 일인당 4천 원이니 둘만 가도 8천 원이어서 양평의 용문산을 부러워했다. 급기야 매표소 자리에 있는 안내원 아저씨에게 왜 돈을 안 받는지 물으니, 재미있으신 아저씨가 "물을 필요 없이 올라갔다 내려오면 돼유."라고 하신다. 이래서 분위기가 달라진 것을 느꼈던 거다. 매표소가 있던 곳은 늘 북적이더니 직원이 없어 잔칫집에 손님 없는 것처럼 휑하였다.

받던 돈 안 받으니 기쁨이 두 배가 되었다. 가다 쉬고를 반복하며 올랐다. 옆의 도랑물 소리는 어느 때보다 또~오~랑 소리를 크게 내면서 흘러갔다. 아들이 갑자기 "난 이 물 흘러가는 소리가 좋아."라고 하길래, 나도 "자연의 소리가 너무 좋아."라고 맞장구쳤다. 도랑물은 늘 깨끗한데, 올해 도랑 속 자갈들이 예년에 비해 이끼가 많이 끼어 아무도 발을 담그지 않는 풍경이었다. 올 때마다 몇 년 전까지는 발을 담갔었다.

 오르면서 나의 다리 상태는 약간 나아져 갔지만, 아직 정상 상태가 되려면 먼 듯하다. 오르는 도중 전화 한 통이 왔다. 참가하는 모임에서 제주도 갈 사람 말해 달라는데, 우선 포기한다고 답해 주었다. 아직 다리 상태가 제주도 길을 갈 상태는 분명히 아니었다. 둘레길을 언제나 가 볼까나. 새삼 다리 건강한 사람들이 너무 부러웠다. 오르면서 느낀 점은 여주시에 있는 황학산이라도 매일 조금씩 올라야지 하는 마음이다.

 용문산의 여름은 시원한 물을 머금은 오아시스 같다. 여름에는 빼곡한 나무들이 그늘을 만들어 올라가는 길이 시원했다. 군데군데 큰 나무들이 쓰러지려는 걸 큰 장대로 받쳐 놓았다. 나무의 수명이 다한 듯한 몇몇 고목은 풋풋한 나무들과 마주 보며 서 있거나 냇가로 비스듬히 쓰러져 있다. 용문사가 관리하는 거라는데 쓰러지는 나무들은 즉각 치워야 할 것 같다. 아니면 많은 사람이 다니기에 다치는 사람이 나올 수 있다. 몇 년 전보다 산의 나무가 나이를 먹은 느낌이다. 올라가는 도중에 아주 가파른 곳은 아들이 손을 잡아 끌어당겨 주었다.

 마음속에 서글픔이 밀려왔다. 왠지 아들과 같이 오는 게 이번이 마지막일 것 같은 느낌이 들었다. 아들이 장성하여 여친 있을 나이가 되니, 나와 다니는 것을 반기지 않은 것 같다. 아들이 대학 졸업 후 아주 냉정해졌다. 어른이 되었다는 얘기다. 하지만 내가 아플 때는 아들이 신경 써 줘야 하니까 미안하다. 어디까지나 내 느낌이지 팩트는 아니다. 자식이 크면 자식 본인의 길을 가야 하는 것이 마땅하다. 아들과의 마지막 여행이 될 것 같아 서글펐다. 난 아들이 좋지만, 아들은 날 부담스러워할 수도 있으니까. 이제부터 여행 다니면서 부담을 주고 싶지가 않다. 아들이 자기 인생을 잘 가길 바랄 뿐이다. 그것이 인간이 성장하면 독립된 개체로서 자기 길을 가야 하는 것이다.

중간까지 올라가서 아들이 이온 음료를 사 와 그곳에 있는 돌의자에 앉았다. 이곳이 왜 무료 개방이 됐는지 몹시 궁금해 인터넷에 바로 '용문산 무료 개방'이라고 검색해 보았다. 이유인즉슨, 그동안 입장료를 받은 게 바로 용문사 절이었고, 양평군이 아니었다는 것을 알게 되어 놀랐다. 작년에 국가가 명령해 모든 국립 문화제 장소는 무료로 개방하라고 했다고 한다. 국민을 위해, 용문사에 들어가는 돈을 대신 국가가 지급한다는 것이다. 그래서 작년 5월부터 개방됐다고 기사에 쓰여 있었다. 그렇다면 '그동안 용문사가 그 많은 돈을 가지고 무엇을 한 거야?'란 의문이 들었다. 양평군이 받아 군민을 위해 좋은 데 쓴다고 양평군을 부러워한 건데, 진실이 달라 너무 놀랐다. 근래 몇 년 사이 큰 변화가 있었다.

이온 음료를 반씩 마시고 내려왔다. 원래 목적대로 중간쯤에서 내려오기로 얘기가 돼 있었다. 내려오는 길이 빠르고 쉽다. 인간의 길과 같다. 오르막길은 어려워 열심히 살아서 겨우 정상까지 오른다 쳐도 내리막길은 조심해 내려오지 않으면 추락한다. 날개도 없이 추락하니까, 내려올 때 더 잘 살피고 잘 내려와야 안 다친다. 인생의 진리가 멀리 있는 것이 아니다. 내려올 때 더 조심하고 무사히 내려왔다.

식당에 들러 '산채 비빔밥' 한 그릇과 밀전병을 사서 먹었다. 오늘은 슬픔 머금은 안개 같은 여행의 느낌이다. 아들이 독립해서 몸이 멀어지더라도, 아들에게 마음이 따스한, 어려울 때 서로 도와줄 수 있는 애인이 생겼으면 한다. 나는 지는 해, 아들은 뜨는 해 아닌가!

식사 후 나와 아들은 집으로 돌아왔다. 돌아오는 내내 이렇다 할 대화 없이 끔찍한 살인 사건의 추리 이야기를 들으며 왔다. 이런 스토리는 나와 자식들이 공통으로 좋아하는 취미다. 아무리 독한 얘기라도 아들과 들으니 더 그럴싸하다. 나와 자식의 꿈이 SF 소설가이기에, 오늘 마무리는 미스터리 이야기로 매듭을 지었다. 2024년 8월말 여행은 장성한 아들과의 마지막 같은 여행이라 만감이 교차했다.

고슴도치 크게 웃다

교직 생활 30여 년 하고 퇴직 후 양로원에서 일한 적이 있다. 양로원에서 남자 어르신과 재미있는 대화를 주고받았다.

"글쎄 저기 텔레비전 보니 커피가 몸에 좋다잖아. 그런데 우리 며느리 집에 있을 때, 저는 진하게 타 먹고, 난 맹탕같이 옅게 1잔 타 주고. 며느리가 못됐어."

내가 물었다.

"어르신, 그래도 노인분이 커피 많이 드시면 좋지 않으니깐 그러신 거겠죠. 도대체 하루에 몇 잔 드셨나요?"

"나? 있는 대로 종일 마셨지! 있는 대로 마셔서 기억 안 나. 그럼 안 되나?"

"네?!"

노인분들 말씀은 다소 어처구니없지만 재미있다. 그러곤 본인들이 맞다고 생각한다.

"어르신, 뭐든 지나치게 마시면 안 좋아요. 며느리 말씀이 맞으신 듯해요."

그렇게 대답했다. 조금 있다가 하는 말이 며느리가 이상하다고 고기를 많이 못 먹게 했단다. 며느리가 밉다고 했다. 내가 또 물었다.

"이는 하루 세 번 닦으신 거죠?"

그 노인 분 왈, "아니, 안 닦았지."

어르신들은 본인들에게 자식들이 서운하게 한 것만 기억하고 싶어 한다. 고집도 세고, 본인이 평생 지켜 온 믿음이 틀리더라도 좀체 바꾸지 않으려는 경향이 있다. 물론 모두 다 그런다는 것은 아니다.

그러함에도 불구하고, 결론은 그 남자 어르신 하는 말은 재미있고 귀엽다. 귀엽다고 표현했다고 놀라지 마라. 인간은 노인이 되면 다시 어린 아기로 돌아가 옷 하나 걸치지 않고 가야 할 길로 가는 것이다. 다시 어린이가 된 어르신들은 귀여운 말을 많이 하다 떠난다.

또 어느 여자 노인분에게 "할머니, 올해 몇 살?" 하면 "17살."이라고 한다. 마치 그 모습은 정말 꽃다운 시절로 돌아간 듯 행복해하고 얼굴까지 발개진다. 노인분들이 그렇게 말한다고 다 밉거나 눈살이 찌그러지는 것은 아니다. 마치 어린 시절 순진무구한 때로 돌아가서 노래 부르고 노니 귀엽게 느껴진다.

유명 인사 노인이나, 그냥 보통 노인이나, 그분들은 마치 어린이가 된 듯 규칙도 지키려 하고, 반대로 가끔 꾀도 부린다. 노인분들이 학교의 말 안 듣는 사춘기 학생들보다 훨씬 착하고 귀엽다는 것을 여러분은 아는가? 아마 이것을 아는 분은 얼마 없을 것 같다. 경험을 해 보시라. 나도 경험하니 조금은 알 듯하다. 마음이 약해지고, 약해지니 마음이 고와져서 요양보호사 선생님들께도 미안해한다.

  양로원이나 노인 요양 시설에 있는 분 중에도 인간적인 면으로 보았을 때 개인적으로 사랑이 더 가는 노인이 있다. 그렇다고 더 잘해 주거나 하는 것은 아니다. 복지 시절 근무 중 어느 95세 여성 노인이 나를 별나게 예뻐했다. 손주 2명이 다 목사였는데, 그것을 가장 기뻐했다. 어느 날 그분이 나를 불러서 곁으로 갔다.
  "이봐, 내가 ×을 쌌어. 기저귀를 좀 갈아 줘."
  놀라고 당황했다. 양로원 노인 시설이라 주로 몸이 성한 분들이 있는데, 이 노인만은 95세인데도 양로 시설에 있었다. 그것도 배변 활동도 못 하는데. 등급 받아 요양 시설로 가야 할 사람이었다. '국가 도움을 받으셔야지.'라고 생각도 했지만, 그 당시 내가 당장 고민한 것은 '어떻게 기저귀를 갈지?'였다. 솔직히 요양 보호사 자격증 딸 땐 옆에서 친구가 하고, 난 보조 역할만 했다. 정식으로 기저귀를 안 갈아 보았다. 한데 나를 매우 예뻐한 노인의 부탁을 들어줘야 해서 "네, 제가 해 드릴게요." 하고 일단 대답했다. 기저귀 겉봉에 적힌 방법을 재빨리 읽고, 온 힘을 다해 가까스로 처리하였다. 어찌나 고마워하던지 그 마음 천사가 따로 없었다.

  솔직히 자격증만 있지 감히 배변 처리를 하지 못했었다. 그분이 나를 좋아하기에, 순간 냄새도 잊고 일을 처리하였다. 그 후 '나도 할 수 있구나.'라는 생각과 노인을 돌볼 수 있다는 자신감이 생겼다. 배변을 처리하는 일을 실제로 할 수 있었던 건 바로 이 사랑의 힘 때문이었다. 그분은 기억력 또한 명료했는데, 본인이 아낀다는 '아줌마 바지'도 선물로 내게 주곤 했다. 기분이 너무 좋았고, 왠지 어르신 사회 속에서 인정받고 있는 느낌이 들었다. 그 후 그곳을 떠나 정말 노인 요양원에 취업하게 되었는데, 배변에 대한 극복으로 나름 일을 수월하게 해낼 수 있었다. 그 기쁨으로 나란 못난 고슴도치가 크게 웃었다.

집과 요양 시설만 왔다 갔다 한 내 고슴도치 생활 속에서, 양로원 생활과 요양원 생활은 노인들로 인해 크게 웃는 날이 많았다. 교사로 있을 땐 학생들에게 억지로 주입하고 가르치느라 웃을 날 별로 없이 바쁘기만 했다. 하지만 노인들은 다시 어린애 되듯이 단순한 아기가 된다. 그러는 가운데 재미있는 일도 많이 발생한다. 노인 양로 시설에는 슬픔만 있는 곳이 아니다.

그렇게 4년 요양 보호사 생활을 해 본 것이, 8년 전 일인데도 이젠 아주 먼 옛일 같다. 영어 교사 수십 년 시기보다 더 많이 웃었던 요양 보호사 생활은, 추억 속 한편의 아름다운 조각보가 되어 마음 한구석에 그리움으로 남아 있다. 내가 건강만 했다면 어르신들의 푸근한 미소 속에서 고슴도치 크게 웃는 날이 늘었을 텐데, 나도 건강을 잃는 통에 노인들의 요양 시설을 떠나야 했다.

요양 시설의 어르신들, 오묘한 시간이란 수레바퀴를 타고, 다시 거꾸로 아이 되어 우리들의 아버지 됐다.

가끔은 꿈속에도 나오는 어르신들, 함께한 생활을 되돌아보면 오늘도 고슴도치인 나를 크게 웃게 만든다.

하여튼 한번 해 보라

그것은 휘황한 불빛 속에서도 절대로 밀리지 않는다. 더 도드라져 강하고 진한 말로 ○○호텔, ○○노래방 등을 외쳐 댄다. 현대란 시대 속에서 친척보다도 가족보다도 더 우리에게 익숙하고 널리 퍼져 있는 것이 광고라는 것이다. 시쳇말로 광고의 홍수 속에서 살고 있다고 해도 과언이 아니다.

하루는 인터넷 쇼핑을 훑어보던 중 샴푸용 염색약 광고를 보았다. 그냥 바르고 있다가 5분 후에 머리를 감으면 염색이 된단다. "희한하군. 세상 참, 어디까지 발전할까?" 하고 혼잣말을 중얼거렸다. 광고의 힘은 대단하여 그것을 본 후, 내 마음엔 이미 광고 속 주인공이 되어 머리를 감고 활짝 웃고 있는 환상이 보였다. 절망은 내재화되어 사람들이 내 머리를 보고 한결같이 할머니라 불러도 무덤덤했었다. 그러함에도 본능 저편 뒤에서 멋진 주인공인 게 좋아 무심코 염색된 내 머리를 연상하며 히쭉 웃고 있는 나 자신을 보았다.

그러고 잊고 지냈는데 을씨년스러운 4월 사전 투표 날이었다. 아무튼 선거하러 갔는데, 나를 부축한 아들을 보고 진행 요원이 "할머니가 넘어지지 않게 잘 잡고 있으셔요."라고 말했다. 멍하니 두 다리로 겨우 지탱하고 서 있었던 나는 그 말에 속상하지도 기분 나쁘지도 않았다. 사람이 육체적으로 너무 나약하면 타인의 말이 잘 들리지 않는다. 타인의 눈치에도 무관심해지는데, 아마 이것은 체념이란 또 다른 말일 것이다. 그즈음 내 몸 상태는 최악이었다. 할머니란 소리를 들을 때, 아들은 기분이 좋은지 "앗싸가오리."라고 했다. 속상한 마음을 그리 표현한 것인지, 아니면 본인이 어려 보이니 마냥 좋았던 건지 모르겠다.

이렇게 머리가 세고 몸이 아플 때, 이 광고를 유튜브를 통해 보게 되었다. 광고는 게임을 할 때도, 식구보다도 더 근처에 머물며 우리의 관심을 낚아채려 한다. 근래에는 나의 건강이 좀씩 나아지니, 정신이 들면서 이상하게 자신의 외형에 대한 매무새를 챙기기 시작하고 있다. 이때 어렴풋하게 떠오르는 말이 있었다. 남자는 숟가락 하나 들 정도 힘이 있어도 여자 생각한다는. 진짜인지 거짓인지 내가 남자 안 돼 봐서 모른다. 하나 여자인 나는 정신이 좀 들자, 옷매무새 얼굴 등 외형이 신경 쓰이기 시작했다. 치장이 여자의 본능인 줄 몰랐는데 몸소 체험하게 되었다.

염색 샴푸 광고를 보고 나도 그처럼 머리에 5분 바르고 그 뒤 헹구라는 말을 곰곰이 생각하고 실행하리라 마음먹었다. 그 순간 엄두도 못 내던 일이 세상 쉬워 보였다. 드디어 염색 샴푸를 요즘 말로 인터넷으로 저지르고 말았다. 염색하려면 미용실에서 실제 2만 원 상당인데, 물론 비싼 것도 있지만 내가 산 것은 2만 원보다 저렴했다. 심지어 7회에 걸쳐 쓸 수 있으니 14만여 원 절약이라는 생각에 이르렀다. 아줌마 절약 정신이 충만해 결국 샴푸를 구매한 것도 있지만, 머리가 희니 사람들이 나를 80대로 보는 이유도 컸다. 내심 마음속에서 머리 염색해야 한다는 생각이 무의식 속에 잠재돼 있었다.

배달 전까지 '과연 내가 할 수 있을까?' 하면서 미리 광고를 통해 샴푸하는 방법을 숙지하고 만반의 대비를 했다. 이번엔 반드시 성공하리라 다짐했다. 그도 그럴 것이, 여러 차례 이전에 머리 염색을 하려다 실패한 경험이 있기 때문이다. 특히 손으로 만지는 것에 두려움이 있는 것은 손재주가 무재주라 겁부터 먹는 것이다. 다시 말해 눈에 염색약이 들어갈까 염려되어 그렇다.

조만간 염색에 기어코 도전하리라는 큰마음 먹고 있을 때 드디어 염색 샴푸가 배달되었다. 아침부터 일찍 일어나 반찬과 빨래 등을 오전 9시 전까지 다 마쳤다. 9시부터 머리를 감을 생각을 했다. 지시대로 비닐장갑을 끼고 샴푸를 준비해 잘 섞은 다음, 마른 머리 위 앞부터 발라 나갔다. 물이 안 들어가 흐르지는 않았다. 앞부분 흰머리 많이 있는 부분부터 발라 나가면서 일단 전체를 하지 않고 이마 위와 귀 옆을 하고 기다렸다. 갈색 계통으로 5분이 지나니 노릇해졌다.

10분쯤 지나니 고동색으로 짙어져 와서, 얼른 미지근한 물로 헹구었다. 멋진 짙은 갈색 머리가 나왔다. 세상에 그리도 겁먹고 못 하던 염색을 드디어 성공한 것이다. 난 매우 기뻐서 "야호!" 하고 외쳤다.

  세상에 두 가지 인간이 존재하는 것 같다. 어떤 일이든 겁먹고 시도 못 하는 부류와, 다소 무서워도 용기 내어 시도해서 쟁취하는 부류들. 당연히 후자가 성공적 삶을 살 것이다. 만약 성공 못 했다 해도 시도한 자체만으로도 최선을 다한 사람은 될 것이다. 나이는 들었지만, 이제부터라도 겁먹지 말고 좀 어려워도 시도해 보는 습관을 지녀야겠다. 올해가 가기 전 기필코 고추장 만들기를 시도할 것이다. 잘하는 사람들이야 별거 아닌 일이지만 솜씨 없는데 겁까지 많아 세상 살기 어려운 사람도 존재하는 사실도 알았으면 한다. 세상의 겁 많은 사람들이여 안전 수칙 잘 지켜 많은 일에 도전해 보시라. 스포츠 중계를 보다 보면 경기 전반보다 후반이 중요하고 그 후반을 어찌 마무리하느냐로 경기가 결정 난다. 인생의 후반전에 있다고 생각해 보라. 늦었다고 생각하지 말고 최선을 다하라. 스포츠에서 보았듯 인생도 후반전이 중요하고, 도전 정신을 가지고 살 때 우리의 인생이 더욱 풍성해질 것이다.

다른 무늬 속 같은 점

　나는, 까다로운 성격의 아들과 말다툼이 잦다. 머리가 굵어지니 상충되는 부분이 많아서 날카롭게 덤비는 아들이 무섭기까지 하다. 세대가 다르면 의견 차이가 있을 수 있다. 하지만 아들은 너무 본인 말만 맞다고 주장하는 것 같다. 대학 졸업 후 그런 느낌이 더하다. 반대로 아들은 엄마가 자기주장만 한다고 한다. 엄마는 말이 길며 남의 말을 경청하지 않는다고 항변한다.

　어제 이런 일이 있었다. 아들이 출근 준비하고 난 뒤, 마지막으로 안경을 찾는데 도대체 보이지 않았다. 본인은 분명히 방금까지 보았다고 했다. 찾아도, 찾아도 안 나오니 직장에 늦을까 봐 그냥 가겠다고 했다. 안경 없이 책도 못 보고 컴퓨터도 못 한단 것을 알고 있던 나는 깜짝 놀랐다. 그래서 안경 없이 운전하면 넌 죄짓는 사람들과 똑같은 거라고 소리를 질렀다. 아무리 그렇다고 어디다 범죄자 취급하냐며 화를 내었다. "술 먹고 사고 내는 사람과 안경 안 쓰고 사고 내는 사람이 무엇이 다르냐?"라고 소릴 질렀다.

결국 화가 잔뜩 난 채 안경 안 쓰고 운전하며 직장으로 갔는데, 조바심과 근심은 내 몫이었다. 좌불안석하고 불안해하다 결국 시집가 사는 큰딸에게 전화를 걸었다. 세상의 졸장부 중 졸장부는 나란 엄마다. 벌벌 떨면서 자초지종을 말하니, 안전이 중요한데 그렇게 운전하면 어쩔 거냐며 딸도 같이 걱정해 주었다. 직장에서 일하는 중이니 보지도 않을 메시지로 글을 남겼다. '도착 잘했어?'라고 말이다. 암튼 메시지 응답은 없었다. 이해하면서도 서운했다. 시간 맞춰 내가 화장대 밑에서 찾은 안경을 가지고 가겠다는 메시지에 대해 '내가 알아서 할게.'란 응답만 받았다.

이처럼 살면서 사소한 혹은 중대한 문제에 대해 서로 의견이 달라 갈등이 심하다. 어쩌면 인생을 살아가는 전면적 사고가 내가 양육했음에도 전혀 다르다. 마치 내 아들이 아닌 것 같이. 버릇이 없는 건지, 철이 없는 건지, 생각이 다른 건지, 그저 다름이 놀랍다. 세대 차이인가? 오늘도 일단 운전할 때 어려움 겪고 직장엘 갔다 왔으면 다음엔 안경을 잘 간직하겠다고 다짐하는 게 아니라, 사고 안 냈으니 그러면 된 거지 머가 문제냐는 식이다. 본인의 생각이 옳다는 관념의 오류가 있다.

또한 청소년도 아닌데 엄마 의견이라 하면 대놓고 반대이다. 예를 들면 큰딸이 3살 된 딸아이 재울 때 꼭 옆에서 같이 잔다고 해서 좀 독립심을 키우기 위해 "혼자 자게 두지."라고 말하니, "어린애 재울 때 엄마가 같이 자야지."라고 아들이 말했다. 내가 이 여자가 이쁘다고 하면 저 여자애가 이쁘다 하고, 이 옷이 좋은 것 같다고 하면 저 옷이 좋다 하고, 어떤 때는 마치 일부러 반대 아닌 반대를 하는 것 같은 느낌이 든다.

사소하게 다른 것도 논쟁을 일으킬 수는 있지만, 다소 중대한 문제에 대한 다른 의견은 큰 싸움이 될 수 있다. 특히 안전의 문제는 본인만의 문제가 아니다. 혹시라도 사고 나면 피해자에게 또는 양쪽 부모들께 얼마나 깊은 상처를 남길까 생각하고 최선책 아니면 차선책이라도 써서 해결해야 한다는 것이 나의 생각이다. 안경이 없으면 택시를 타고 직장엘 가야 한다는 거다. 딸도 안전 문제는 혼자만의 문제가 아니니 조심해야 한다고 말했다. 다른 사소한 문제는 개인적 사고나 취향의 문제지만, 안전에 대한 문제만큼은 상식의 문제이니, 늘 조심해야 할 것이고 안전에 대하여 평소 가볍게 생각했으면 이번 기회에 새로운 정립이 필요하다.

60대 엄마와 30대 초반의 아들과의 세대 차이가 이같이 평행선을 달리고 있음을 알 수 있다. 곰곰이 생각하니 사실상 다름이 당연하다. 젊은 세대가 잘못됐다기보단 노인 세대와 생각이 다른 것뿐, 이 다름을 인정할 때 진정한 자유가 올 것이다. 생각이 부족했던 나 자신도 돌아보면서, 말이 길다니까 짧게 전달하고, 아들의 말에도 귀를 기울여야겠다. 옷이나, 멋, 색상의 선택 등은 솔직히 취향의 문제로, 의견 다른 것이 오히려 자연스러운 일이 아니겠는가.

그런데 가만히 생각해 보니 그 와중에 서로 큰소리 없어도 잘 통과하는 부분도 한 가지 있다. 상한 음식이 아니면 나의 아들과 나는 무엇이라도 가리지 않고 잘 먹는다. 한 그릇의 라면도 행복하게 먹는다. 음식 맛의 알레르기가 없으니 이 얼마나 행복한 일인가! 많은 갈등을 상쇄시키는 이 미학(味學)의 넓은 포용력으로 아들과 나는 오늘도 행복하게 잘 먹으면서 살아간다.

생명의 은인

오늘은 모처럼 지인과 집 근처 공원으로 놀러 갔다. 지인은 꿈속에서 살 듯이 오늘도 역시 종교와 정치 얘기만 한다. 그녀에겐 늘 현실 감각이 부족하다. 그런 그녀에게 가을 풍경을 보기 위해서 공원을 가자고 제안한 것이 아니고, 공원에 가서 예배를 보자고 비위 맞춰 가며 겨우 공원엘 왔다. 구실을 만들어야만 오는 사람도 있다. 인간은 각기 다르다를 영어로 'Each person has its own taste'라고 말하는데, 난 가을이 좋아 가을 공원에 온 사람으로 그녀와 완전히 다르다. 일부 종교나 정치에 빠진 사람들은 그것 이외에 다른 것을 하면 나태하다고 생각한다. 그저 광화문에 나가 소리를 질러야 애국한다고 생각한다. 국민이 궐기를 안 한다고 지인이 말하길래,

"아니 그럼 온 국민이 궐기하려고 광화문에 가면, 누가 애를 키우고 누가 소를 먹이냐. 각자 자기 역할 하는 것이 가장 애국이지."

내가 소리를 질렀더니, 그분이 감정적으로 말을 불쑥 내뱉는다.

"국민이 정신 나가서, 북한에 침략당해 봐야 해."

내가 놀라서 되받았다.

"할 말이 따로 있지 어찌 그런 말을 하냐. 말도 안 된다. 애국이 온

국민이 나가 소리 지르고 허구한 날 큰소리 내는 것만이 애국인가? 각자 자기 자리에서 열심히 최선을 다해 사는 국민이야말로 진정한 애국자지."

이렇게 큰소리 내며 싸우고 말았다. 누가 말했다. 정치 얘기랑 종교 얘긴 안 해야지. 안 그러면 모임에서 싸움 난다고. 그 말이 딱 맞다. 이런 분이라 가을 구경 가자고 하면 사치로 알고 있으니, 예배를 보러 가자고 해서 내가 늘 가던 공원으로 가게 된 것이다.

어느새 여름꽃이 지고 가을꽃이 피어난 언덕으로 가니 꽃들이 다 어디에 숨었는지 보이지 않는다. 가을꽃들의 초라한 그 쓸쓸함과, 깨끗이 잘 베어진 잔디의 깔끔함의 합작 느낌이다. 두 개의 세계가 한곳에 존재했다. 오히려 가을걷이가 되어 정리된 들판이 더 연상되는 공원이었다. 자연 들판도 여러 개의 분위기를 내포하듯, 지인과 내 세계도 다르다. 나는 현실에 기반을 둔 사람으로 보통 아줌마이고, 지인은 언제나 종교와 정치에만 관심 있는 이상주의자. 그래서 가끔은 다름으로 다툼도 있다. 지인과 난 10년 이상을 만났다. 아옹다옹하면서도 서로의 견해를 듣는 관계이다. 둘의 공통점은 무엇일까? 그것은 외로움일 것이다. 심지어 나이가 나보다 10살 어린 친구다. 그러나 유일하게 격식 없이 만나고, 격식 없이 떠들고, 때론 격렬한 말싸움을 하지만 싸우는 건 그때뿐이지 매우 친하다. 오히려 때때로 싸움도 하면서 지내니까 서로의 영역도 확실히 하면서 존중하게 된다.

시인의 마을 언덕배기에 있는 돌비석 위의 시가 작년보다 선명한 글씨를 하고 서 있다. 이유는 누군가 시를 사랑하여 돌비석을 가꾸는 사람이 여주에 있다는 증거이다. 아주 고마운 일이다. 공원 넓은 놀이마당 옆에 있는 벤치에 앉아 지인과 나는 찬송가를 불렀다. 3절까지 끝나고, 기도했다.

그분의 기도 다음에 나의 기도가 이어지고 서로 그분은 나의 아들, 나는 그분의 언니를 위해 기도하며 마음을 주고받았다. 그분의 언니가 뇌졸중으로 입원 중이다. 그런데 지인이 신경과민이 되어서 언니를 위해 기도를 해 달라고 어느 날 아침부터 유난히 난리를 쳤다. 물론 인터넷상의 대화로 기도를 재촉했다. 지인이 둘째 언니를 아주 끔찍이 여기면서 기도를 열심히 했다. 오늘 드디어 지인이 언니를 끔찍이 여기는 이유를 말해 줬다.

본인 언니가 5살 때 언니와 같이 얼음을 타고 노는데, 얼음이 깨져 본인이 위험에 처했을 때, 언니가 빨랫방망이 자루를 밀어 넣어 그걸 잡고 살아 나왔단다. 즉 언니는 생명의 은인이란 거다. 또 한번은 동네 우물에 빠졌을 때 이 역시도 언니가 두레박을 내려 줘 살려 줬단다. 2번이나 생명의 은인이라니 그것도 물에서 2번이나. 기이한 인연이다. 그런 언니가 입원 중이어서 마음이 몹시 아픈데, 언니 있는 곳이 부산이라 너무 멀어 자주 갈 수 없다고 했다.

내 경우를 생각해 봤다. 죽음의 문턱에서 나를 살린 사람 혹은 사물이 있을까? 애초에 죽음까지 간 고통스러울 때는 없었지만, 1번 나도 죽음 앞에 있던 경우가 있었다. 병원에서 내 병의 원인을 조사하려고 CT 촬영을 하는데, 하필 내가 마스크를 촘촘한 걸 쓰고 병원에 간 것이다. 안 그래도 CT 촬영실이 더운데, 움직이지 말라고 몸과 손을 묶어 놓고, 덮어 놓은 전기담요에 불을 약하게 넣은 상태니, 촬영실이 얼마나 답답했을까? 난 공연히 두꺼운 마스크를 해서 굴속 같은 곳에 갇힌 채 40분을 꼼짝 못 하고 있어야 해 심한 고통 속에 빠지게 되었다. 그때 나의 건강은 최악으로 나빴던 때다. 일단 나는 기관지가 약해 가끔 가래가 생기곤 했다. 난 공포가 밀려와 숨을 못 쉴 지경이라 묶은 몸을 발버둥 쳤다. 이것이 공황장애란 걸 나중에 알았다. 비상시를 대비해 촬영 기사가 전달한 내용도 없었다. CT 촬영 중 그 시간에 환자의 상태를 수시로 살펴야지, 묶인 채로 한자리에서 40분을 견뎌야 하는데 정말 죽을 수도 있었다.

발버둥 치다가 내가 죽겠다는 걸 알고, 그리하는 것이 도움이 안 된다는 것을 알고 다스리기 위해 무언가를 해야 했다. 내가 한 것은 성경 구절 시편 23편을 암기하는 일이었다.
 "여호와는 나의 목자시니 내게 부족함이 없으리로다 …… 내가 사망의 음침한 골짜기로 다닐지라도 해를 두려워하지 않을 것은 주께서 나와 함께 하심이라 주의 지팡이와 막대기가 나를 안위하시나이다" 시편 23편이 좋아 늘 외우던 그 구절을 마음속으로 외우고 또 외웠다. 어느덧 막혔던 숨통은 차분히 평화를 찾았고 끝까지 40분을 견뎌 냈다. 끝나고 나오면서 한숨을 돌렸고, 나중에 의사에게 촬영 중 환자 상태를 주시해야 한단 말을 했다. 내가 죽을 뻔했다고 하니 깜짝 놀라면서 알겠단다.

아무튼 나의 첫 생명의 은인은 사람이 아닌 말씀이었다. 신기한 체험이었다. 신에게 여호와께 감사할 따름이다. 오늘도 생명의 은인 말씀을 묵상하며 하루를 살고 있다. 하지만 세상 속에서 사람과 살아갈 때는, 언제든지 보통 인간으로 돌아와 욕심도 부리며 타인을 욕해 가며 사는 자신을 발견한다. '나를 살리신 이도 하나님, 나를 지으신 이도 하나님, 나의 나 된 것은 모두 하나님 은혜라.' 이 성가는 내가 좋아하는 찬송가다. 나는 나를 죽이지 못하고 여전히 인간 본연의 자만심에 휩싸여 나를 내세우고 있다. 나를 살리신 이의 뜻을 따라 나 이외의 타인에게 이롭고 득 되는 일을 하다가 저 멀리 뵈는 하늘나라로 가길 기도한다.

나의 신앙생활

나의 신앙생활은 어떤 것일까? 나는 일요일마다 집 가까이 있는 교회에 나간다. 진심으로 믿고, 깊고 신실한 마음은 아니지만, 세상의 조물주 하나님을 경외한다. 이렇게 발달한 세상에도 우주의 비밀과 끝을 명쾌하게 밝힌 과학자나 사람이 아직 없다. 인간은 정말로 나부터 티끌의 존재다. 밝혀진 바 없으니 '이것이 진리다, 저것이 진리다'라는 말들이 난무한다. 성서를 믿는 크리스천은 그들대로, 불교는 불교대로, 이슬람교는 이슬람대로, 천주교는 천주교대로 자기 목소리를 다 내고 있다. 우리 가족은 거의 모두 크리스천이다. 크리스천들은 묻지도 따지지도 않고 하나님과 예수님을 맹목적으로 추종하라고 한다. 어쩌다 모여서 의혹이 있거나 나 자신만의 독창적 이견을 제시하면, 금기 사항 건드린 듯 벌떼처럼 일어나 내게 훈계 아닌 훈계를 한다. '성경은 진리니 더하지도 말고 빼지도 말고 고대로 믿어라.' '말씀은 곧 하나님이다.' 나의 남동생, 여동생은 물론 여동생 남편도 공부깨나 하고 성경깨나 읽은 사람들이다. 물론 목회자의 길을 가지는 않았지만.

내가 한번은 성경의 미신적인 요소 빼고 80%는 믿는다고 했다가 그건 안 믿는 거란다. 난 성경 속에 나타난 인물과 그들의 체험담, 꿈 등 비록 구약도 여러 사람에 의해 쓰였다 하더라도, 인간 속에서 구전되어 온 얘기라고 하더라도, 어느 정도 이루어진 이야기라고 생각해 그것도 믿어진다고 할 수 있다. 예언까지도 믿어진다고 볼 수 있다. 그럼 내게 안 믿기는 곳이 있느냐고? 당연히 있다. 성경을 안 읽어서가 아니고 10번을 읽는다 해도 있을 수 없는 과학에 관계된 것, 성경 속에 엉뚱하게 나올 때, 솔직히 이런 생각이 든다. 아마 더욱 극적인 요소를 가미하기 위해 뒷날 성서를 쓴 사람들이 넣은 것이 아닌가 하는 생각이랄까. 이것은 내 개인만의 생각이다. 난 하나님 예수님 다 믿고 사도 바울의 이야기도 다 믿는다. 바울이야말로 체험과 스스로 겪은 경험을 썼기에 진실에 가깝다.

물론 내 믿음은 무조건 믿는 사람들의 믿음보단 얕을 수 있으나, 엄연히 중심에 하나님이 있다. 세상을 바라보면 이것이 진화라고 말하기엔 부족한 오묘한 진리가 보이니까, 신은 있고 그 신은 '세상을 창조한 하나님이다.'라고 생각한다.

내가 이상하다고 느끼는 사람은, 전혀 의문 없이 성서를 읽자마자 아무 생각 없이 바로 믿어버리는 그런 분들이 더 신기하다. 아니면 어떤 분들은 너무 믿음에 밀착하여 행동거지 하나하나를 마음대로 못 하고 대화 중에도 하나님께 기도해 본단다. 큰일이 아닌 사소한 것도 그들은 하나님의 음성을 수시로 듣는다며 무당이 점치듯 미신

같이 믿는 사람도 봤다. 솔직히 믿음이 작든 크든 진실하게 하나님께 다가가면 될 것이다. 믿음에서조차도 사람이 화장하여 얼굴을 가리듯 스스로 거짓됨으로 신앙을 속이는 사람도 있다. 인간이 준 집사, 권사, 장로, 전도사 등의 자리로 믿음을 재려 한다. 모두는 교회 안에서 한 지체가 되니, 합력하여 선을 이루라고 성서에도 나온다. 겉의 외식보다 하나님을 믿는 중심이 중요하다는 것이 믿음의 기초지만, 이를 믿는 사람은 의외로 적다.

2023년 12월, 내게 집사란 직분을 받으라고 목사님이 말씀하셨다. 난 직분을 중요하게 여기지 않아 그전에도 안 받겠다고 해서 그럭저럭 잘 지내 왔다. 이번에는 거절하면 교회에 피해를 줄 수 있겠다 싶어서 받겠다고 했다. 집사와 성도 그게 그거지, 마음의 중심이 중한 거지 이런 생각이 늘 있어서 집사일 때나 성도일 때나 내 믿음은 같다. 점점 깨달아 가기는 하지만, 아직도 성서 속 미신적 요소에 대한 과학적 의구심은 여전하다. 그런데도 나는 확실히 하나님을 믿는다.

어떤 사람은 직분의 명예를 지나치게 중요시하는 사람을 보았다. 일부 교회 중 임명장을 만들어 주는 교회도 있다. 한번은 내가 요양보호사로 일할 때이다. 툭하면 원장님과 싸우고 양로원에서 분란을 일으키는 할머니 한 분이 계셨는데, 집사 임명장을 자기 옷장 위에 걸어 놓고 사셨다. 차라리 그 간판보다 목사님과 잘 지냈으면 하는 생각이 들었다. 그 직함을 받기에 충분한 사람인지 이런 생각이 솔직히 들었다. 함부로 사람을 판단하고 정죄하는 일은 하나님이 하여야 할 일이지 인간에게 속한 일은 아니기에 더 이상 비판적 의견은 여기서 멈추겠다. 내가 말하고자 하는 것은 행동을 잘하는 것이 직분에 얽매여 있는 것보다 더 낫다는 것이다. '실천 없는 믿음은 죽은 믿음이다.'란 말씀이 성서에도 있으니까.

아무튼 올해 초 집사란 직분을 정식으로 받았는데, 이 직분이 내게는 어울리지 않지만, 직분의 겉옷을 입었다. 난 돋보이려 화장할 줄도 모른다. 와인의 멋진 유리 글라스가 아닌 꾸밈이 없는 뚝배기란 표현이 맞다. 신앙에서도 그렇다. 그러나 마음에 부담이 있음은 내가 너무 양심이 있어서? 나의 믿음은 큰 믿음 아니지만 묵묵히 하나님께 감사하며 나의 길을 가리라.

나의 버킷 리스트 탑 5

세상 사는 동안에 그리운 사람을 찾기 위한 여행을 떠나 보고자 한다. 살아온 세월이 너무도 여유 없었고 치열하다면 치열했던 시간들! 그러나 교육 공무원 퇴직 후 이제야 시간적 여유가 생겼다.

내가 그리워하는 사람은 우연하게도 모두 여자다. 인생에서 딱 세 사람이 있다. 그들의 공통점은 학식과 명성과 이런 것에 기초를 둔 것은 아니고, 인간의 순수함을 기초로 한 아름다운 사람들로 기억되는 사람들이다. 한 명은 초등학교 친구, 또 다른 한 명은 고등학교 친구, 마지막으로 유일한 나의 대학교 친구 이렇게 3명이다.

초등학교 때 친구를 우연한 기회에 만나게 되었고, 만나 보니 정말 아직도 옛날의 모습을 간직하고 있어 깜짝 놀랐다. 어릴 때 말도 적고 묵묵히 공부나 하고 조용했던 나는, 교사 생활 30여 년 하다 보니 수다스러운 아줌마가 되어 버렸다. 이게 직업병이다. 반에서 제일 말 안 하는 사람으로 탑 3 안에 들었던 내가, 말을 많이 하는 사람이 되어 사람들 앞에 나타나면 좀 당황스럽고 생소할 것이다. 그 말 잘하고 재미있던 초등학교 친구는 어려선 그리 말도 잘하고 웃기더니, 성인이 되니까 오히려 말도 점잖게 하고 옷도 단정히 입은 여인이 되었다. 완전 성격이 서로 반대로 바뀌어서 만나니 이상했지만, 그 뒤로도 몇 번을 만나 그간의 회포를 풀었다. 내가 많이 변하긴 했나 보다. 고향에 가면 내가 어릴 땐 사람 만나기도 싫어하고 피하고 그랬다면서 지금은 무슨 얘길 그리도 많이 하냐며 고향분들도 신기해하신다. 그도 그럴 것이, 사람이 180도 변하면 당연히 의아하지. 좋은 면도 있지만, 신비한 면이 없어져 환상을 확 깨 줄 수 있다.

또 다른 그리운 사람을 만나 보고 싶어서 길던 짧던 여행을 떠나고자 한다. 현재로는 나머지 두 사람이 어디에서 무엇을 하는지 모른다. 하지만 내가 그녀들을 찾아 먼저 여행을 떠날 것이다. 그녀들이 나를 좋아하고 생각했던 긴 시간에 비하면 내가 그녀들을 찾고자 하는 시간이 훨씬 짧을 것이다. 그들을 찾기 위해 혹시라도 인터넷에서 단서를 찾고자 사람 찾기에 광고도 내고, 페이스북, 인스타그램에 대대적으로 홍보도 하며 찾았지만 도대체 찾을 길이 없다. 나이가 들어서 그들이 사용을 안 하는 건지, 아직도 오리무중이다. 이렇게 인터넷이 발달한 세상에서 못 찾고 있는 것이 이상할 뿐이다. 고등학교 친구들에게 소식을 물어봐도 그 친구만큼은 소식이 깜깜했다.

찾고 나서 혹여 내가 많이 변해 있는 모습만큼이나 그들도 변해 있더라도 난 울지도 실망하지도 않을 것이다. 오히려 나에 대한 환상을 깰 사람들은 내가 아닌 그들일 것 같다. 그리고 더욱 중요한 것은 아직도 이런 속에서도 어떤 모습을 하든 순수함을 간직했다고 하면 대환영이다. 나도 말만 많이 하지 순수함은 아직 가지고 있다고 생각하는데. 아니 순수함을 잊고 세속화됐다 하더라도, 내가 그들을 사랑할 수 있다는 자신감이 있다는 게 더 중요하다. 그들이 있는 곳이 포장마차라 하더라도, 아니 아파서 병원에 있다손 치더라도, 식당에서 술 파는 아줌마가 돼 있다고 하더라도, 그런 친구들을 품고 대화할 준비가 지금 다 돼 있다. 그녀들이 나를 좋아했던 시간에 비하면 아무것도 아니지 않나? 이제 내가 너희들을 사랑하고프다. 그래서 그들을 찾아 떠나고자 한다. 긴긴 길을 돌아와 이제야 만나려 한다. 아니 솔직히 몇 년 전부터 수소문하고 있지만, 소식이 없다. 어쩌다 고등학교 친구에게 소식이 닿은 적이 있었다. 한 20년 전쯤. 그때는 내가 직장인이어서 바쁠 때였는데 그때 그 친구가 하는 말, "난 아직 만날 준비가 안 됐어."라고 했다.

내가 응답하길, "준비 안 될 것이 뭐 있니. 서로 살아가는 얘기하면 되는 거지. 우린 중년의 아줌마인데." 하면서 대화하고 전화가 끊겼다. 마지막 말은 전화도 하지 말라고 했다. 순수하게 방황하던 사춘기 시절 친구의 소식은 그 이후부터는 모른다. 무슨 의미일까? 만날 준비가 안 돼 있다는 것이. 친구 만나는 데 준비가 있어야 하는가 하고 반문해 본다. 대학교 때 제일 친했던 친구를 만나고 싶은데, 이렇게 발달한 세상에서 만날 수 없다니 속상하다. 내가 첫 발령을 받고 근무하던 곳으로 그 친구가 찾아왔었다. 그때 그 친구는 연애 중이었다. 본인이 좋아하는 사람 얘기를 계속했다. 난 참 어리석다. 멀리 전라도에서 찾아온 친구 얘기를 귀 기울여 들어 줄 것을, 겉으로만 들은 것 같아 두고두고 후회한다. 다시 만나면 너의 어떠한 얘기도 잘 들어 주마, 친구야. 어딨니? '기다려라, 친구야.' 그리고 다시 만나면 이제부터 진심으로 이해하고 나가는 진정한 우정의 친구가 될 것을 약속한다. 빨리 만나길 학수고대 중이다.

너무도 열망해 온 버킷 리스트는 바로 캐나다의 몽고메리 작가의 고향이자 『Anne of Green Gables(빨간 머리 앤)』의 배경이 된 그곳으로의 해외여행이다. 내가 죽기 전까지 이루어질 수 있을지 모르지만, 꼭 계획하여 갈 것이다. 이것은 나의 평생 꿈이다. 그날을 위해 영어 공부도 늘 열심히 하고 있다. 특히 그 소설을 좋아하는 이유는 주인공 앤의 순수한 마음 때문이고, 거기 나오는 자연이 내 고향 마을과도 비슷하기 때문이다. 딸기도 따 먹고 바다도 있고. 물론 내 고향엔 강이 있었지만 개울가에서 딸기 따던 기억도 매우 비슷하다. 바다를 비추는 햇살이 은빛 천사라고 했던 작가의 감각. 작가보다도 앤이 살아 숨 쉬고 있는 것 같아 꼭 캐나다의 그곳에 가 보고 싶다.

마지막으로 내가 꼭 해야 할 버킷 리스트는 윤선도가 시조에서 많이 읊었던 한려수도 여수를 방문하는 것이다. 아님 2박 3일 여행, 1

박 2일도 좋고. 이것은 어려운 것도 아닌데 못 하고 있다. 요즘 내가 할머니 나이대로 들어서니 장거리 운전을 못 한다. 하지만 그 아름답다는 한려수도, 오죽 아름다우면 이름도 한려수도일까? 정말로 가서 내 눈으로 확인하고, 바다니까 회도 먹고, 경치 구경도 하고 싶다. 차 운행 때문에 가도 아들하고 가야 해서 부탁을 할 예정이다.

그 외에 하고 싶은 일도 많이 있지만, 이 5대 버킷리스트는 꼭 이루고 싶다. 이 중 친구를 찾는 일이 제일 어려울 것 같다. 제일 이루어졌으면 하는 일인데, 열심히 노력해 보자.

가을 용문산에서

경기도의 명산 용문산을 들어 본 적이 있는지? 그곳의 물과 공기가 마치 산삼 한 방울인 양 마시기도 아깝다는 생각이 들 때가 있었다. 자연은 아름다워도 너무 아름다워! 냇물이 돌돌 흐르고 여기저기 얽혀 살고, 없는 나물이 없다는 용문산 자락. 해마다 산나물 축제가 열리는 그곳으로 산나물 사러 가곤 했다. 늘 그곳에는 누가 살까? 하고 생각해 본 적이 있다. 8월 한중간의 어느 날, 버킷 리스트에서 만나고 싶었던 초등학교 때 친구를 드디어 찾게 되어서, 같이 용문산으로 놀러 갔다. 마침, 초등학교 때 친구 남동생이 용문산 자락의 어느 아름다운 마을에 아담한 보금자리를 만들어서 구경도 할 겸 갔다. 그 친구는 어릴 때 친구이긴 하지만 현재는 인천에 살고 있다.

집 옆에 흐르는 물소리 그윽하고, 밤하늘의 별을 보며 마시는 막걸리 한잔, 밤새 우는 풀벌레 소리, 낭만이란 낭만을 다 퍼부어 놓은 듯하다. 작지만 아름답게 자연과 어우러진 풍경 중 압권은 안마당 나무 위에 뜬 반달이었다. 마당 의자에 앉아 바라보는 고즈넉한 달은 태고의 비밀을 많이 간직하고, 현재를 살고 있는 우리에게 분명 어떤 메시지를 주고 있다. '너 잘 살았어! 힘내!'라고. 모든 이에게 위로를 주지만 안 볼 뿐이다. 그런 것을 보고 꿈을 키우는 집주인의 순수함에 경의를 표한다.

  그날 활달했던 친구는 나름 조용조용하게 말하며 밤을 지새우고, 조용했던 나는 역시 밤새며 왈가닥 말괄량이가 되어 껄껄 웃으며 밤을 지새웠다. 옛날 시골 고향 생각하며 초등학교 시절 재밌게 놀던 얘기하며 밤샘했다. 난 의문이 있다. 그렇게 재미있게 얘기하던 친구는 조용조용한 숙녀처럼 변하고, 나는 이제 봇물 터지듯 말을 많이 하고 있는지 의문이다. 사람 성격이 잘 안 바뀐다는데 난 180도로 바뀌어 있다. 또 초등학교 시절 얘기할 때 추억이 잘 생각나지 않는다. 친구들과 함께한 기억이 별로 없어서인가 보다. 아마도 그들이 뛰어놀 때 '따라쟁이'같이 엄마만 따라다녔나? 마을 사람이나 동창을 만나면 모두 놀란다. 말이 없던 그 애 맞냐고 하면서 말이 없을 때보다, 그래도 왈가닥인 지금이 친근해서 좋다고 한다. 친구 마음 속에 간직했던 나에 대한 나름의 신비감을 완전 박살 내 버리고, 솔직한 아줌마의 털털한 모습을 있는 그대로 각인시켜 준 날이다. 다소 씁쓸했지만, 어차피 '환상은 깨야지 뭐.' 하고 씁쓸히 웃으며 집으로 돌아왔다.

내 멋대로인 내 인생의 패션

사람마다 살아가는 스타일이 다르다. 직업에 따라서건, 자신의 프라이드에 의해서건 스스로 자신의 냄새를 풍기며 살아간다.

어떤 아는 교수분이 있다. 평상시엔 검소하고 차림도 수수하였는데, 학생들 앞에서 수업하는 날이면 날이 선 양복에, 머리 이발까지 완전무장하고 정말 감탄에 가까운 모양새를 하고 나타나서 학생들을 가르친다. 학생을 위한 누구도 범접할 수 없는 예의, 젊지는 않았지만, 학생들도 그분을 존경했을 것이다. 보지 않아도 알 수 있다. 남녀 누구나가 겉모습부터 어떤 자리에서든 단정하고, 고상하며, 자신의 체통과 자존심을 지키려고 한다.

하지만 나 자신을 돌아본다. 물론 나도 전문직 여성일 때 일터에서야 단정히 입으려고 노력했었다. 고객에게 최소한의 예의라도 보여 주는 것이 당연히 필요하니까. 어떤 사람은 비록 아파트 청소를 해도 귀걸이 하고, 매니큐어 칠하고, 여자처럼 꾸미는, 별난 사람도 있다. 난 단정하고 어느 정도 수수하지만, 세련됨을 좋아한다. 그래서 직장 여성일 때는 그런 복장을 했었다. 물론 나의 의견이지만.

직장을 벗어난 나란 사람은 패션에 대한 영원한 이단아이자 배신자이다. 평상시 나의 패션은 늘 헐렁한 차림이다. 「나는 자연인이다」에 나와도 하나도 이상하지 않을 자유 스타일이고, 헤지고 무언가 묻어도 개의치 않는다. 머리가 부스스해도 개의치 않는 털털함의 한계를 뛰어넘는 자유로움. 이런 나의 모습을 친정 엄마는 늘 걱정하고 싫어했다. 흙을 파는 농부의 아낙이지만 꾸미고 아름다운 여자가 되고 싶은 엄마였으니까. 딸도 내게 말한다.
"엄마, 교회 올 땐 그래도 차리고 와."
늘 상 나는 대답한다.
"그래 다음에는 그러지, ㅎㅎㅎ."
그러긴 뭘 그래. 여북하면 미용실의 아는 사람 이렇게 말할까.
"아이고, 선생님, 제발 꾸미고 좀 다니셔. 피부는 고우신데."

친정 엄마는 털털한 나의 외모를 별로 달가워하지 않았다. 막내 여동생은 늘 단정히 입고 멋스럽게 입는다. 하지만 나는 늘 친정집에 갈 때면 청바지와 청재킷 한 벌을 입고 갔는데 그 옷이 운전하기 편해서다. 한번은 교사 임용 고시를 보고 합격되었는데, 발령이 나 출근을 앞두고 있었다. 그런데 엄마가 집에 다녀가란다. 아무 생각 없이 청자켓을 입고 또 늘 그렇듯이 그렇게 갔다. 나를 본 엄마는 난감해하며 옷을 왜 그리 입고 왔냐고 하셨다. 선머슴처럼 보인다고.

아마 내가 낼모레 학생 앞에 선생님으로 설 줄 알고 단정한 슈트나, 원피스를 입고 올 줄 기대하셨던 거다. 지금 생각하면 좀 더 세심하게 엄마에게 신경 써 주지 못한 점 후회가 된다. 자식이 남 앞에서 이쁘고 잘나 보이는 낙으로 부모는 허리 펴고 사는 건데, 내가 자식 낳고 키우다 보니 매우 이해가 된다.

한데 나이가 들어 60 고개 넘어서면서 몸이 고장 나기 시작해 벌써 힘이 없고 약도 많이 먹고 있다. 막상 있는 옷 입고 싶어도 무거워서 못 입는 때가 오니 오히려 옷을 잘 입고 싶고 꾸미고 싶을 때도 있다. 아니면 너무 아파 보이니까. 그래서 내가 가지고 있는 옷 중에 비싸게 주고 산 옷을 입으려고 해 봤으나 몸무게가 늘어 못 입게 되었다. 몸이 약해짐에 따라 무게 나가는 옷도 못 입고. 사람도 때를 기다려 주지 않듯 물건이나 옷도 사람을 기다려 주지 않는다는 것을 알게 되었다. 그럴 줄 알았으면 젊어서 부지런히 옷도 잘 입고 다니는 건데. 요즘은 몸무게가 늘어서 평소 큰 옷이라 제쳐 놓았던 옷을 찾아서 입고 다닌다. 넓고도 큰 옷, 자유로운 옷. 결국 내가 그렇게 자유로운 옷을 입고 다니는 것을 좋아해서 젊어서부터 입었는데 나이 드니 저절로 꽉 끼는 옷이 버겁고 힘들다. 나이와 더불어 뼈가 아무래도 반듯하지 못해서인 것 같다.

요즘 들어 제일 꺼려지는 일이 하나 더 생겼다. 핸드폰의 발달로 우리는 수시로 찍어 공개 대화방에 사진을 올린다. 그런데 한해 한

해 변하는 얼굴에 자신이 어색하여 더 이상 사진을 찍고 싶지 않다. 누군가의 말처럼 40 이후의 얼굴은 본인이 책임지라는 말이 있는데, 솔직히 그 말을 60 이후로 바꾸면 안 되는가? 요즘 40~50대는 너무 젊어 모두가 주름도 없이 충분히 예쁘다. 갑자기 60 넘어서며 아프고 주름지고 초라해진다. 사진 찍고 싶지 않다. 이런 것을 보면 내게도 용모에 대하여 무덤덤한 줄 알았더니 관심이 약간은 있었나 보다. 그렇긴 하나 결국 나는 나이다.

  늘 색 바랜 바바리를 걸쳐도 아무렇지 않고, 마음이 늘 풍족한 여왕인데 뭐가 어떻다는 건지. 이런 마음은 어느 정도 진짜이다. 못 말리는 패션의 이단아여서, 오늘도 여전히 난 떨어진 구두도 아무렇지도 않게 신고 다닌다. 정말 자유로운 아줌마 스타일로 옷을 편히 입고 남의 눈치 신경 안 쓰며, 마음이 가난한 순수한 영혼으로 이 지구상의 고슴도치 되어 매일 지구 여행을 떠난다. 여전히 난 내 멋대로 패션을 사랑한다.

2.
가족의 삶

아들 군대 훈련소 소동 / 고슴도치의 외출 / 머피의 법칙 /
아들 알바 참견 / 내가 살던 고향은 / 이혈 치료(耳血 治療) /
첫 나물 / 태몽 / 거실 속 화분 / 말하는 새 / 헤어져야 할 시간 /
아버지의 긴 그림자 / 소심한 복수 / 크리스마스의 속임수 /
어느 청년의 도움

아들 군대 훈련소 소동

 2013년 2월 하순, 아들이 입대하기 위해 의정부시 보충대에 집합했다. 집에서 의정부로 가는 길은 같은 경기도 땅임에도 너무 멀었다. 나와 아들은 아마 매우 멀고 지리도 잘 몰라 시외버스를 타고 갔던 것 같다. 둘 다 어찌 그리 비슷한지 무엇을 타고 갔는지 정확히 기억을 못 하고 있다. 성격상 잘 모르는 길이라 버스를 탔을 가능성이 더 크다. 그날 나는 늘 같이 살았던 아들과 한 달여 잠시 헤어지는 거라서 그리 섭섭하지는 않았다. 다소 쌀쌀한 날씨와 구름 속에 감추어진 해님만이 무엇인가 서글픈 분위기를 고조시키고 있었다.

 그곳에서 입영자들이 모여 인원 점검 후 각각 훈련장으로 흩어진다. 그 후 힘들고, 힘들다는 지옥 훈련을 받는다는 것이다. 5주 훈련 후 본인들이 실제 근무해야 하는 곳으로 재배치가 된다. 모임터 보충대를 아들과 도착한 시간은 오후 1시 10분쯤, 가서 점심을 가벼이 먹고 길게 사람이 늘어선 도로를 따라가니, 와! 수천에서 족히 약만 명 정도가 모여 있었다. 많은 사람 때문에 놀랐다. 거의 모든 사람이 부모 형제들하고 같이 왔고, 최소 친구들, 그리고 연인끼리 온 것 같은 청년들도 있었다. 가족하고 온 곳은 화기애애해 보였지만, 연인끼리 와서 헤어지면서 우는 것을 보니 새삼 군대 갈 때는 가족이나 친구랑 오는 것이 나을 것 같단 생각이 들었다. 육군으로 입대하는 사람들은 의정부에 모여 각 훈련소로 흩어진다고 하는데 정확한 것은 모른다. 서울에서 부산까지 각처에서 이곳으로 온다는 말만 들었다.

한 시간 전부터 부대는 연예 오락 프로그램으로 사람들을 환영하고 있었다. 음악도 중간중간 상쾌하게 나와 분위기는 묘하게 들떠 있었다. 엄마인 내가 따라갔으니, 아들이 덜 외로웠을 거로 생각했다. 하지만 은근히 많은 사람에 압도되어서 걱정됐다. 오합지졸이 다 모여들었다. 다들 부모 밑에서 호강한 애들 티가 팍팍 났다. 공부나 하면서 떠받들던 자식들이 태반 아니겠는가? 유난히 가족 중에도 귀해 보이는 자식들이 모두 이번에 군대를 가는 것 같은 착각이 들었다. 유난히 얼굴들이 새하얀 애들이 많았다. 그제야 실감이 나면서 이 철부지 애들이 이제 군대 가서 얼마나 깨질지 걱정이 들기 시작했다. 제대로 깨지지도 못할 듯하다. 군대 갈 애들이 내 눈에 보기에도 나약해 보인다. 특히 아들은 입영 앞두고 속이 안 좋아 체중이 50kg 초반으로 떨어진 상태로 훈련하러 왔다. 요즘 애들은 옛날 어른들 몸으로 때우던 그 시절의 다부진 사람들보다 체력적으로 약해 보인다. 아들은 체중 때문에 여주 보충대로 소속될 예정이었다.

나중에 들은 말인데 약 이천 명 이상씩 입대하기 때문에 화요일마다 이곳에 모인다고 한다. 부모, 형제, 친구까지 합쳐서 만 명 이상이 모인 거다. 물 반, 고기 반처럼 뒤섞여 있다. 시간이 되어 줄을 선 청년들이 느릿느릿 움직인다. 한숨이 나왔다. 줄 앞에서 지도할 상관들이 안되어 보인 하루였다. 웃긴 것은, 모인 인파 중엔 소매치기가 수백 명 숨어 있다고 전광판 화면에 계속 떠서 운동장으로 내보내고 있었다. 돈 조심 하란 말이다. "에구구, 사람 사는 곳에 벌레는 항상 있다."라고 마음속으로 혼잣말을 했다.

'신병교육대'에서 훈련을 잘 받고 있다는 메시지를 다들 받았다고 한다. 아들은 남들 다 보낸다는 편지를 내게 쓰지 않았다. 아들에게 어떤 소식도 오지 않았다. 음, 그래도 편지 한 장 없다니. 2박 3일 끝나고 편지 쓰는 시간이 있다던데. 그러나 난 무소식이 희소식이란 것을 안다. 내가 아들 어려서부터 지나치게 집착한 사람이긴 했다. 아들이 어느 순간 성장하면서 정신적으로 내게서 늦게 떨어져 나간 것도 맞다. 다행히 독립적인 내 성격을 닮아 정신적으로든 물질적으로든 크게 의지하고 있지 않다는 데 엄청난 안도감이 든다. 편지 한 장 없다는 것은 충분히 견디고 있다는 것이고, 소식이 없다는 것은 나보다 아들이 강인해서 엄마를 오히려 지켜야 한다고 생각하는 것이다. 와우, 꿈보다 해몽이 좋긴 좋다. 편지를 못 받은 허허로운 마음을 내 마음대로 재단 중이다. 최소한도 아들은 내 말을 잘 듣지 않는다. 마마보이는 아니다.

서운함에 난 신병교육대 카페에 들어가 간단히 메시지를 남겼다. 잘하고 돌아오라고. 카페에 올라온 사진 속에서 군복 입은 아들의 사진을 봤는데 표정은 밝아 보이지 않았다. 아들아, 파이팅하자꾸나! 난 사진을 보며 대화를 주고받았다.

드디어 훈련이 거의 끝나 갈 무렵, 기다리던 편지가 아들에게서 왔다. 편지 한 장에 휘갈긴 아들의 편지를 난 읽을 수 있었다. 고단해서 마구 휘갈긴 게 아니고 원래 악필이다. 그래서 나와 아들에겐 컴퓨터가 구세주인 거다. 둘 다 악필이다. 난 받자마자 내가 할 수 있는 최대의 차분한 글씨로 답장을 보냈다. 자필로 쓰는 편지가 얼마만인가? 나도 쓰다 보니 구불거리기 시작했다. 교단에서 영어를 삼십 년 넘게 써 온 글씨가 한글 쓰는 데 어려움을 주었다. 마음대로 인 글씨가 비뚤배뚤이다. 아들 편지를 받으니 어느 정도 안심이 되었다.

아들 훈련병 수료하는 날, 그야말로 용인 시내를 이리로 왔다, 저리로 갔다 하다가 겨우 찾았다. 사실 인터넷으로 이런저런 정보 없이 그냥 부대에서 일러 준 대로만 갔더라면 쉬웠을 것인데. 일반인들의 군대에 대한 지리나 지식은 불확실하다. 신병교육대대가 수료식 하는 곳을 찾아 용인 시내에서 거의 40분을 물어물어 찾아다녔다. 장소를 찾긴 찾았다. 11시부터 시작했는데 7분 늦게 도착하여 아들을 또 열심히 찾았다. 팸플릿 보고 큰딸이 먼저 발견했다.

"엄마, 저기 있어. 제일 얼굴 하얀 애야."

다 시커먼데 유독 흰 얼굴을 드러낸 미남이 있었으니, 과연 우리 아들이었다. 훈련으로 인해 소도둑 같은 검은 얼굴들을 한 사병들은 들어갈 때 그렇게 자유롭더니, 군기가 들어 일체 경례하고 줄 딱 서 있고, 심지어 이병을 달아 주는데 내게 '이병 모모모' 하고 거수경례를 하는데 어찌나 민망하던지, 그러나 대견스러웠다. 누구에게나 경례를 붙이고 선임병을 무서워하는 것을 보니, 아주 생소 그 자체였다. 거기까지는 뭐 그러려니 했다.

반전은 점심으로 내가 김밥 10줄, 과일, 통닭, 과자, 초코파이, 빵 등을 충분히 준비해 가지고 갔고, 마땅한 장소가 없어 일단 어느 초등학교 옆에 차를 세워 놓고, 차 안에 음식을 펼쳐서 먹었는데 아들이 무섭게 먹기 시작했다. 그야말로 놀라웠다. 김밥 10줄이 거의 다 없어졌고, 과일, 과자, 와플, 통닭을 먹는데 걱정이 태산 같았다. 군대 가기 전에는 '먹어라, 먹어라.' 해도 안 먹던 아들이었다. 과연 아들 뱃속이 괜찮을까? 평상시 다섯 배를 먹은 아들은 마치 한 달 굶은 짐승처럼 먹고 또 먹었다. 아니 군대서 굶긴 것은 아닐 터인데 왜 배가 고픈지 알 수가 없다. 알고 보니 쉬는 시간이 없고 항상 무엇이라도 한단다. 훈련에 훈련이 거듭되니 늘 배가 고팠다는 것이다. 소화가 다 되어서 화장실도 안 갔단다. 한 달간이나. 이게 말이 되나? 군대 밥은 아주 좋다고 했다. 더욱 이상한 것이, 왜 배가 고프냐고? 암튼 너무 먹어 속이 이상하다고 하길래 약국에서 약을 사 먹였다. 그리고 군 주변을 차 타고 이리저리 배회하다 한 고등학교 근처에 차를 세워 놓았다. 바람을 쐬고 차에서 쉬면서도, 들어가기 전에 아이스크림을 먹고 들어간다고 했다. 앞으로 먹을 날이 많은데 한 번에 해결하려 들다니, 암튼 어찌나 놀랐던지 내내 입을 다물 수 없었다. 잘 안 먹던 아들의 180도 변신은 날 놀라게 했고, 두렵기까지 했다. 군 막사 가서 낼 병나는 것 아닌지, 배탈이라도 날 것 같은 마음에, 딸과 나는 하루를 걱정 속에 보냈다. 전국에서 온 부모들, 할머니, 할아버지까지 눈물 나는 하루였다.

그날 헤어진 후 바로 집으로 가지 않고, 4·5일 지나서 집으로 돌아왔다. 식목일이 4월 5일이고, 4월 9일 집에 돌아왔다. 아들은 고향의 예비군 중대로 배치받아 그 이후론 나름 잘 지냈다. 그리도 어려웠던 훈련병 시절 얘기를 지금도 간간이 한다. 훈련받고 나올 때 몸무게가 58kg으로 늘어 있었다. 정말 궁금했던 질문 하나를 했다.

"수료식 날 그리 먹고도 너 괜찮았니?"

탈도 안 나고 잘 잤단다. 배가 아프도록 많이 먹었는데 그나마 소화제를 먹어서 괜찮았을 것이다. 그런 와중에 군대 밥 짬밥은 살찐다더니 한 달 반 만에 수 kg이 늘어 왔다.

아! 그것이 벌써 11년 전 일이니, 세월 유수다. 군대 가서 그렇게 훈련받고 어려운 시절을 견뎌 내 그나마 이 세상에는 '정말 힘든 일도 있구나.'를 깨닫게 된 것에 대하여 국가에 감사드린다. 또한 내 식구 내 겨레를 지키는 자부심을 느끼게 된 계기가 되었다.

고슴도치의 외출

프랑스의 뮈리엘 바르베리라는 여작가가 있다. 그녀가 『고슴도치의 우아함』이란 책을 썼는데, 근래 나온 도서 중 가장 으뜸으로 여길 만한 우수한 책이다. 작가는 깊이 있는, 번뜩이는 삶의 철학적 사고를 스토리 중간중간에 삽입해 녹여 냄으로, 결코 그냥 읽기만 하는 소설이 아닌, 생각이 많이 필요한 동화적 소설이란 점을 부각하고 있다.

퇴직 후 바로 이 소설을 읽었는데, 실제로 아파트 경비원이 되려면 무엇이 필요한지 인터넷을 다 찾아보았다. 이 글 제목에 나오는 고슴도치라고 비유된 여자가 르네라는 주인공으로, 직업이 잘 사는 아파트 경비원인데 묘하게 매력적인 직업처럼 여겨지고 그 직업이 멋져 보였다. 사실은 주인공 르네는 말솜씨가 투박하고 상냥이랑은 거리가 먼 여성이었다.

그러는 와중에 경비원이 특출한 교양과 높은 정신세계를 가진 대단한 여인이란 것을 발견한 어린 학생이 있었으니, 부유한 집의 딸로서 인생의 허무를 알고 자살까지 생각한다. 팔로마란 아이가 뚱뚱하고 못난 경비원의 숨겨진 이중적인 모습을 파악하게 된다. 사실은 팔로마가 알았던 것이 아니고, 아파트에 거주하던 일본인 가쿠로 오즈와 대화에서 르네란 존재가 드러나게 됐다. 나중에 셋은 만나서 대화를 나누며 서로 상대의 지성을 알게 된다. 결국 르네란 중년의 못생긴 여자를, 오즈란 일본인이 사랑하게 된다. 오즈는 르네를 세상 밖으로 끌어내 주려 한다. 진짜 모습을 감추고 살았지만, 세상 밖으로 나오려 했던 르네는, 갑자기 교통사고로 죽고 만다. 여자로서의 삶을 꿈꾸어 보려 했던 르네는, 시내에 볼일이 있어서 갔다가 교통사고를 당해 결국 자기 세계를 벗어나지 못하고 만다. 박학다식하고 내부적으론 교양과 지성을 가졌던, 하지만 겉으론 뾰족한 바늘을 가진 철옹성 같은 고슴도치 르네, 그녀는 고슴도치만의 정신적 우아함을 가지고 있었지만 결국 세상 속에서 자신이 모습을 드러내지 못한 채 허무하게 가고 만다.

그 책을 읽으면서 겨우 아파트 경비원인 르네가 너무 매력적인 사람으로 다가왔다. 날카롭지만 투박한 겉모습, 르네만큼의 지성은 아녀도 나도 나름 책도 많이 읽은 사람으로서 무언가 나랑 공통점이 많다는 것을 알았다. 애들 기를 때 말씨도 투박하고 상냥하지 않고, 목소리를 높이고, 어쩜 이리 르네와 같은지. 나도 이중생활처럼 느낄 때가 있다. 비록 직업이 다르고 읽는 책도 다르지만, 꾸밈이 없고 여성성이 없는 점에서 르네라는 주인공과 흡사한 면이 있다.

투박하고 꾸밈없고 보잘것없는 사람이지만 도서실에 가서 『고슴도치의 우아함』 책을 고른다. 하지만 르네의 마지막 장면은 닮고 싶지 않다. 난 마지막으로 만난 그 나이 든 영혼의 오즈란 일본인 친구와 끝까지 같이 가길 바랐는데, 비극으로 끝난 여운이 마음을 아프게 한다.

어느 날 『우아한 고슴도치』처럼 하루쯤은 귀걸이도 하며 나서고 싶었다. 우아하게 차리고 나가 본들 고슴도치는 고슴도치인데······. 어쨌든 큰딸이 결혼하기 전, 딸과 함께 강남 터미널 지하상가엘 갔다. 봄에 입을 옷 좀 사고 기타 등등 바람 좀 쐬려고 나섰다. 오늘만큼은 고슴도치에서 벗어나 보자고 가지고 있던 가장 우아한 옷을 입고 서울에 갔다. 한데 이리저리 돌아다니면서 딸은 살 것도 많고 볼 것도 많았지만, 나는 꼭 사려고 했던 멋진 치마 대신 속에 받쳐 입을 블라우스 한 장, 그것도 오천 원짜리만 눈에 들어왔다. 아직도 그때 산 그 블라우스 잘 입고 있다. 누가 그 옷을 오천 원짜리라 하겠는가.

내가 처음부터 그렇게 돈을 못 쓰던 사람이 아니었다. 결혼 후 자식 낳고 살면서 이렇게 후천적 고슴도치가 되었다. 사실 100만 원짜리 무스탕도 턱턱 잘 샀던 여자였다. 결혼 전에는 가시 없는 가을 향기 풍기는 우아한 국화 정도는 되지 않았을까? 딸은 이것저것 사고 나서 같이 점심밥을 먹자고 했다. 먼저 회전 초밥집에 갔다. 접시에 달랑 두 개 놓고 천 원에서 삼천 원까지 파는데 순식간에 접시 몇 개에 만 사천 원이 됐다. 암튼 그 정도까지 먹고, 딸과 함께 나와서 카페에 갔다. 카페에 앉아 멋지게 음료수를 폼 잡고 마시고 싶었지만, 너무 비쌀 거라는 생각에 딸이 산다는 것을 그만두자고 했더니, 딸이 엄마랑 다니면 너무 재미없다고 투덜투덜거린다. 서울에 오전 10시에 가서 집에 온 시간은 세 시쯤 되었다. 난 어느새 천 원짜리도 아까워하는 엄마로 변해 있었다. 아니 할머니로 변해 있었다. 내게도 수십, 수백만 원짜리 옷을 사던 젊은 시절이 있었다는 게 믿기지 않다. 180도 변해 버린 나는 돈의 가치를 알고 그러는지, 모르고 그러는지 무조건 아끼고 있었다. 세월이 흘러서 나라는 잘살아 선진국이 되었는데 그 세월 속에 나는 특이한 고슴도치로 변해 있었다. 그냥 벌어 쓸 것만 쓰고 절약하는 습관이 나이 들고 애를 키우며 생겼고, 옷도 시장표 싸구려 사 입고, 가는 세월 의식도 못 한 채, 못난 고슴도치가 되어 있다.

내 모습이 나도 모르게 엄마랑 너무 닮아 있음에 놀랄 때가 많다. 옛날 고생하며 사는 엄마를 보고 "난 저렇게 안 살 거야."라고 했건만 더 지독한 고슴도치가 되어서 사는 자신을 발견했다. 애들도 "엄마는 외할머니 같아."라고 말한다. 옷은 젤 더러운 것을 입고, 밖에 나갈 때는 깨끗한 걸로 갈아입기는 하지만 집에서는 누더기를 입고 있는, 그야말로 애들에게 내 모습은 완전 시골 할머니로 비쳤을 것 아닌가! 나도 자신을 좀 가꾸어야 하는 것 아냐?

오늘날 뒤돌아보니 그래도 친정 엄마는 비싼 안경테에 비싼 반지도 끼시고 하실 건 통 크게 하시는 분이다. 나는 친정 엄마보다도 더한 현대판 미련한 고슴도치 엄마다. 그래서 귀히 여김도 받지도 않고 존중받지도 않는다. 여전히 구겨진 옷을 입고 청소를 하면서 지금부터라도 자신을 챙겨야 하는 것은 바로 자기 자신이라고 외치고 있었다.

고슴도치 엄마들의 특징은 움츠린 말 없는 성격에, 많은 공부를 했음에도 도대체 티를 안 낸다. 자식이 좋은 옷을 입을 때 고슴도치는 떨어진 양말을 꿰매 신고 떨어진 속옷도 마다하지 않는다. 자식에겐 새 옷과 새 그릇을 사 줘도 본인은 낡은 양은 냄비를 마다하지 않는다. 자식에게 욕을 먹어도, 화나고 성질나도, 언젠가는 돌아오길 바라며 기도한다. 아무리 잘못돼도 설혹 교도소에 가 있다고 할지라도 고슴도치 엄마는 제발 자식이 뉘우치고 바로 살아 주길 원한다. 그리고 기도한다. 세상의 고슴도치 엄마들은 자신을 위한 투자를 선뜻 하지 못한다. 그래도 지금보다 더 궂은날을 위해 조그마한 저축이라도 하려고 몸소 검소함을 실천한다. 행여나 자식들이 보고 검소함을 배울지도 모른다는 기대감에. 도대체 고슴도치 엄마는 언제 자기 모습을 찾을까? 고슴도치 엄마도 과연 자신을 위해 투자를 할 수 있을까? 평생 일하고 노력했으면 이제 자신을 위해 살아야 하지 않을까? 고슴도치 엄마들아! 전문가의 말대로 자신을 위한 투자를 해 봐라! 고슴도치 엄마도 그런 이론을 잘 안다. 자식을 혼자 길러도 자기 피붙이니까 고생한 일에 대하여 억울할 일도 없다는 것, 조금 더 고생됐다는 것 그뿐이지 이 세상 억울한 것 없는 것, 이것이 고슴도치를 나타내는 이론이다. 하지만 할 수 있을는지! 못 하니까 고슴도치인 거다. 잘나서 잘난 체하고 못 나서 못난 사람은 고슴도치 아니다. 고슴도치는 잘났어도 자랑할 줄 모르고, 못난 가면을 쓰고 사는 말이 통명스러운 르네 같은 사람들이다.

고슴도치도 답답한 현실에서 벗어나 다른 나로 변신해 보고 싶을 때가 있다. 근래 가장 화려한 외출, 굳이 따지라면 일요일 교회 가는 것. 하지만 요즘 한 가지가 늘었다. 배꽃 화려하게 핀 과수원 길을 돌아 양로원 출근길로 활짝 웃으며 들어선다. 또한 그러고 보니 우아하게 차려입고 1년에 한 번 가는 곳이 있다. 바로 4월에 정기 적금하러 은행으로 간다. 돌아서 집으로 오는 길, 그때는 여러 곳에서 봄꽃들의 향연이 무르익고 부족함이 없다. 내 고향의 잘 익은 참외를 사서 한 입 크게 먹는다. 고슴도치의 역할은 들러리다. 하지만 재미있다. 오늘 고슴도치가 돌아오는 발길은 다소 가볍다. 늘 한결같이 고슴도치는 남보다 크게 웃으며 힘차게 오늘을 살고 있다.

머피의 법칙

나는 내가 조금은 특별하단 생각이 든다. 머피의 법칙이랄까. 이것을 알기 쉽게 우리말로 풀면 '엎친 데 덮친 격'이라는 말이다. 살아가면서 순탄하게 갈 인생길을 다소 어렵게 갈 때가 유난히도 많았다고 생각한다. 어려서도 이상하게 남보다 더 길고 지루하게 버스를 기다리기도 했다. 대학 수능 전날 재수하는 친구를 만나 우연히 같은 여관에 들었다. 내일이 시험인데 전날 밤에 공부한다고 난리 쳐서 잠을 못 잔 상태로 시험을 보면서 졸다가 시험을 망쳤던 일, 명퇴하기 전에 1년간 모범학급시상까지 받았던 반이 종업식 며칠 앞두고 사건 터트리고, 종업식 날 아침까지 폭행 터트린 아이들. 가장 편안하고 좋을 때 퇴직하고자 해서 사직서를 냈는데, 정말 아무런 문제 없던 아이들이 폭행 문제, 이성 문제 등을 마구 터트렸다. 사직서를 거두어들일 수도 없고 매우 속상했던 일, 사직서 내고 종업식 앞두고 문제 해결을 위해 숨 가쁘게 보통 때보다도 더 뛰었던 일. 결국 학생들 일은 잘 처리되었지만, 마지막 나 자신에 관한 생각은 절망적으로 바뀌었다. '맞아, 내 인생은 머피의 법칙의 연속이다'라고.

똑똑한 아들이 어쩌다 아는 수학 문제를 수능 시험에서 실수하여 또 그 점수 때문에 대학 갈 때 고생했던 일. 이외에도 예를 들자면 너무도 많다. 우연히 짝으로 만난 남자가 너무 무책임한 남자였다는 것부터, 인생에서 어떤 중대 귀로에서 보통 사람들이 평탄하게 갈 길을 난 머피의 법칙처럼 고초를 겪으며 인생이란 길을 지났다. 그로 인해 난 인생을 걸고 온 힘을 다해 투쟁하듯이 살아 결국 자신의 인생을 나름 극복하며 살아 내게 되었다. 난 늘 말해 왔다. 인생은 더하고 덜한 것도 없이 공평하다. 내가 20살 시절까지 집안일 하나 안 도와주고 편히 살았으니, 나머지 나의 인생은 어려움의 연속일 수밖에.

 기를 쓰고 안 살았으면, 안 그랬으면, 세금 내고 아이들 기르면서 살 수 있는 보통 사람의 삶도 살아 내지 못했을 것이다. 지금 생각하니 좋은 일들 내가 인생에서 노력한 일보다 운수가 좋았던 일이 있었나 돌이켜 보게 된다. 그런 것이 있었을까? 가장 큰 것 몇 개가 떠오른다.
 첫째, 큰딸은 내게 축복이다. 정말 착하고 이쁘고 스스로 알아서 자기 길을 가고 있다는 사실.
 둘째, 아들이 상근병으로 예비군 중대를 담당하게 되었다는 것. 공문 때문에 애를 먹긴 했지만, 아마도 현역으로 추운 철원 지역이나 기타 지역에서 살아야 했다면 난 정신적으로 못 견뎠을 것이다. 그래도 운명의 신이 준 큰 선물 2개로 인해, 내게 멍에처럼 주어졌던 머피의법칙의 나쁜 기억을 상쇄시켜 줬다.

셋째, 아들이 첫 월급 타서 제일 먼저 30만 원이나 내게 쓰라고 주었다. 그의 아르바이트비 중 큰 비중의 돈이었다.

넷째, 어려운 상황에서도 석사 과정을 두 개나 마쳤다.

다섯째, 시골, 산골 마을에서 하기 힘든 영어를 전공했다는 것이 내게는 좋은 영향을 주었다.

와우! 일생을 통해 스스로 머피의 법칙처럼 나쁜 일만 가득 찬 줄 알았던 내 인생을 글로 적어 보니, 생각보다 좋은 일들도 많이 있었음을 깨달을 수 있었다. 이 글을 쓰기 전에는 정말 운이 너무 없다고만 생각했다. 하나님은 '우리 인생을 공평히 하신다.'라고 생각하며 살았는데, 사실 안 맞다고 생각했었다. 하지만 글로 체크해 보니 의외로 내 능력에 비해 이룬 게 많은 것 같다. 부족한 부분이 있으면 중간중간 채워 주시는 행운의 일도 많지 않은가! 불운하다고 여긴 인생을 다시 뒤돌아보니, 실제론 운이 좋았던 크고 작은 일들이 일어났었던 거다. 그럭저럭 살 만하니 그렇게 슬퍼할 일도 아니다. 그리 기뻐할 일도 없이 평범하게 노력하며 열심히 살아가면 되는 것이다. 결론은 '인생이 머피의 법칙의 연속은 아니다.'란 사실이다. 이 말에 반기를 들 분도 계실 것이다. 그러나 운이 안 좋았다고 생각되는 부분과, 그래도 살아오면서 조금이라도 좋았던 부분을 어린 시절부터 쭉 적어 보라. 그럼 아닌 사람 더러는 있어도, 신이 주신 인생이 꽤 공평했음을 느낄 수 있다.

아들 알바 참견

12시 넘어 한 시, 두 시를 바라보고 있는 시간이다. 낮이냐고? 아니 밤이다. 지금쯤 쿨쿨 잘 시간인데, 난 오늘 작정하고 아들 일하는 마트에 갔다. 음, 밤에 꼭 한번 가 본다고 미리 약속했었다. 간간이 오는 대부분의 남자 손님들과, 나 말고 여자가 한 분 있었다. 그 여자 손님은 술과 안주를 샀다. 이 야밤에 혼자 술 사서 가지고 가는 여인은 왜 그럴까? 이런 생각이 들며 상상이 꼬리를 물고 이어진다. 아들은 올 때 갈 때 손님에게 인사를 잘했다.

나도 오래간만에 컵라면을 하나 시켜 먹었다. 일이 끝나지 않아 새벽 3시 반쯤 아들을 마트에 두고 오면서 여러 가지 생각을 했다. 주마등처럼 스쳐 지나가는 그간의 생각. 밤에 이 일을 해야 하는가이다. 신경 안 쓸 때는 몰랐는데 나와서 마트 돌아가는 상황을 보니 의외로 할 일이 많았다. 파는 것 말고 청소, 진열 등도 해야 했고, 그렇게 간단해 보이지 않았다. 그래도 아들은 성실했다. 하지만 얼마나 알바를 더 해야 하는지, 난 스스로에게 물었다. 정말 하지 않아도 되는데 뭔가 스스로 자립심을 기르기 위해 아들 본인이 그 일을 선택했을 때 나도 찬성했다. 정말 사회에 첫발을 내딛는 첫 일이 하필 밤에 하는 일이라니.

알바를 허락한 마음이 무겁지만, 또한 듬직하기도 하고 그 이상의 마음이 교차한다. 어찌 보면 아들은 내 인생의 전부라고 할 정도의 귀중한 아들이니깐. 그래도 오래는 어렵고 두 달 정도 경험으로 하라고 할 것이다. 사실은 얼마 안 있으면 입대를 앞두고 있다. 군대 가기 전 고생이라면 고생을 해 보라고 허락한 건데 내가 마음이 편치 않았다. 하나님에게 의지해야겠다. 맡기는 수밖에. 절반의 모험이 인생인 것이다. 자로 잰 듯이 살 수는 없지 않은가?

알바하는 곳을 한 번 더 찾아간 적이 있다. 한 새벽 2시 반쯤. 일찍 잠이 깨어서 가 보니 청소 중이었다. FM이라는 말이 있지 않나. 누가 보든, 안 보든 자기 일을 확실히 하는 것, 일을 완전 FM대로 한다. 한 3시쯤 되니, 할머니가 오셔서 아들이 인사를 했다. 그러더니 가게 안쪽에 모아 놓은 상자를 할머니께 드렸다. 이 할머니는 아들이 아파 돈을 벌어야 하는데, 불쌍해서 상자라도 모아서 드린다고 한다. 가슴이 먹먹했다. 그래서 그날 난 「새벽 이야기」란 시를 썼다.

새벽 이야기

아스라이 밝아 오는
어둠 속의 빛이 있으니

그것은 새벽

일찍 깬 노모의

폐지 줍는 리어카 사이로

흐르는 눈물

그것은 진주

두 손 모아 하루하루의

정성을 알리는 기도

그것은 매일 거듭나는 열쇠

세상의 모든 이께

이 새벽 드리는 선물

꿈을 엮는 보석함과

함께 가는 마음의 평화

한번은 아르바이트 기간이 끝나 다음 인계자에게 인수인계했다. 그런데 다음 날 그 마트 앞에 경찰들이 있어서 무슨 일이 일어났는지 보니, 인수인계받은 자가 가게를 몽땅 털고 도망갔다고 한다. 마트가 바로 아파트 옆에 있으니, 경찰이 왔다 갔다 하는 것을 볼 수 있다. 와, 사람 얼굴에 표시가 있다면 이런 사람은 안 쓰는 건데 멀쩡히 인수인계받아 놓고 이런 짓을 벌이는 인간들도 있다니.

아들이 군대 간 이후에도 아들이 아르바이트하던 여러 곳에서 연락이 온다. 잠깐만이라도 와서 봐주어도 좋고, 몇 달만 봐주면 더 좋으니 안 되느냐고 묻는다. 내가 군대 갔다고 하면 아쉬워한다. "아르바이트할 사람 구해요?" 하고 물으면, 아들 이름을 대면서 그렇게 성실히 일 잘하는 아르바이트생이 없었다고. 아들이 주로 알바한 곳은 24시 마트다. 그런데 하나같이 서너 곳 마트에서 모두 다시 연락이 왔다. 그래서 지나가는 말로 내가 아들에게 웃으면서 말했다.

"아들, 너 군대 갔다 온 후에 마트 운영해야겠어. 마트마다 연락이 오네."

"그래 볼까?" 하고 능청스럽게 말을 받곤 했다. 매사 성실하게 일했던 착실한 아들의 야밤 알바였다. 야밤을 밝히고, 마침내 말을 타고 이긴 영웅이 인생이란 전쟁터에서 돌아오는 듯한 희열감을 아들보다 내가 더 느꼈다. 일은 힘들지만, 일은 신성한 것이다. 오늘은 나름으로 열심히 일했던 아들의 사춘기 갓 지난 젊은 날의 알바 경험을 소개해 보았다.

내가 살던 고향은

추수 때가 지나서 11월이 오면 해야 할 숙제가 하나 있다. 아버지가 땅을 도지로 준 집에서 쌀을 가지고 오는 일이다. 이때에는 아버지를 필두로 삼 남매가 고향에서 다시 모인다. 다른 해에는 11월 말쯤에 갔었다. 올해는 11월 초순이라 난 매우 기뻤다. 날씨까지 초가을 날씨 같아 어찌나 기분이 좋은지.

11시 반쯤 도착한다는 남동생의 말을 듣고 나도 시간 맞추어 나갔지만, 맨 처음 도착한 건 나였다. 여동생은 서울서 남동생은 안산서 오는 길이라 주말에 교통 혼잡으로 도착 시간이 1시간 정도 왔다 갔다 한다. 동생이 오기 전 자투리 시간에 날이 따스하기도 해 마을을 둘러볼 생각이었다. 내가 태어나 살던 조그만 시골 마을. 최근엔 왔다가 쌀만 가지고 후딱 돌아갔던 내 마을. 어린 시절 동생, 오빠의 죽음으로 인한 나쁜 기억이 있던 마을. 어쩌면 기억 속에서 완전히 잊고 싶었던 곳이다. 그러나… 그러나….

올해는 한번 자세히 마을을 둘러보리란 생각이 집을 떠나기 전부터 들었다. 그것은 내가 어느 정도 충격적인 음울한 과거에서 많이 벗어났다는 것을 의미할 것이다.

둘러보니 마을이 옆으로, 위로 좀 더 확장돼 있었다. 산을 팠거나 산속으로 전원생활을 하려는 사람 때문에 동네 위 산속까지 길이 나 있었다. 그것이 예쁘게 조화를 이루고 깨끗하게 포장되어 있었다면 얼마나 좋았을꼬. 동네 전경 생각 안 하고 난 시멘트 도로는 흉물스럽게 이 마을을 반으로 갈라 놓고 있었다. 궁금하여 어째서 동네를 반 가르는 길이 나 있냐고 물으니, 그 마을 사람이 대답하길 아무튼 누군가 도시에서 이사를 왔는데 동네 사람을 사기 치고 들어왔다나 어쨌다나.

마을은 많이 변해 있었고, 들어와 사는 사람도 반은 바뀌어 있었다. 낯선 고향 마을이 어찌 우리 동네뿐이랴. 경기도니까 도시에서 내려와 집 짓고 사는 사람들이 종종 있었다. 고향 첫 집부터 타향 사람이 나올 때는 변화의 느낌이 확 들었다. 옛집, 지금은 남에게 넘겨진 집을 두어 바퀴 돌아볼 즈음, 남동생이 도착해 쌀을 싣고 있었다. 도지 맡아 하는 젊었던 그 부부 농부는 어느새 70줄로 들어서 있다. 안 아픈 구석이 없다고 힘들어하는 아줌마의 말을 들으니 안쓰럽다. 요즘 시골은 60대는 청년이요, 70대는 중년이요, 80은 넘어야 노인 대접 살짝 해 주고, 90은 넘어야 진정한 노인 대접해 준다니, 거의 노령 대의 사람들이 농사를 짓고 있음을 알 수 있다. 도지 맡은 부부가 70대인데 몹시 아프다니 농사일의 노고를 알 수 있다.

마침내 여동생까지 와서 쌀을 다 실었다. 내가 태어난 옛집에 가 보자고 제안했다. 그 집에 가장 정을 가지고 있는 사람은 역시 막내 여동생으로 대환영했다. 여전히 햇살은 내리비치건만 찌푸린 흐린 날처럼 마음이 가라앉음은 어쩐 일이뇨. 나와 아버지는 태어난 마을이 한동안 싫었고 가고도 싶지 않았다. 작년에 왔을 때도 옛날 집에 가 보자고 여동생이 제안했지만, 아버지의 "보긴 무얼 봐."라는 말에 그냥 돌아갔었다. 그러나 올해는 날씨도 따스하고, 집에서 떠나기 전부터 들러 보고자 하는 마음이 있었기에, 다 같이 둘러보게 되었다. 다른 집들은 나름 주인이 바뀌어도 멀끔히 옷 갈아입고 잘 살건만, 유독 과거 우리 집만은 아버지가 지을 때 새긴 대들보 위의 지은 날짜, 문창살, 마루까지 모두 그대로 유지하고 있었다. 집 앞에 걸린 비뚤어진 간판에 찻집이라고 쓰여 있었다. 그간 여러 번 주인이 바뀌었다는데, 거미줄이 잔뜩 있었고, 방치된 채로 사람이 살고 있는지 의심이 들 정도였다. 마음이 아팠다. 옛날엔 그래도 그 마을에서 가장 좋은 집이었다. 앞 대문짝을 두드리니 조용했다. 사람이 없는 것 같아, 동네를 슥 돌아보았다. 동네 중간에 누군가의 필요로 인해 산 쪽으로 길을 뚫어 논 시멘트 싹 바른 길이 너무 흉물스러웠다. 가까이서 보니 더욱 안 좋았다. 멀리서 보면 그럴싸해도 가까이에서 보면 경치가 안 좋은 풍경이 있는데, 멀리서도 흉측하니 가히 그 광경을 짐작할 것이다. 어릴 때보다 작아진 마을은, 꿈속에서까지 나오는 마을인데, 현재는 시멘트 길이 동네를 반으로 갈라놓고, 그 마을은 내 앞에 전혀 다른 모습으로 서 있다. 그대들은 자연스럽지 못하게 집

터를 나누어 놨으니 그 책임은 마을 사람 누구든 부담으로 느끼리라.

　다른 모습, 변화는 당연한 것으로 여기며, 태어난 집에 가서 다시 한번 동생들과 문을 두드리니 집주인이 나왔다. 세 들어 사는 사람이고 여자 둘이 여기 찻집을 운영한단다. 우리는 이 집 처음 짓고 살던 사람이라고 그분들에게 소개하니 깜짝 놀라셨다. 여러 얘기 후 우리는 대추차를 주문해서 마셨다. 차는 우리고 우려서 진짜 대추 맛이 났다. 서글프게도 젊은 아가씨 둘이 이 시골까지 와서 간판에 거미줄 날리며 바람에 흔들린 채로 비스듬하게 그대로 두고 사는지 안타까웠다. 아무리 옛집이어도 집이 깨끗해지고 발전하길 바랐지만, 집은 몹시 쇠락해 갔다. 지금은 찻집이라고 붙여 놨지만, 오직 대추차밖에 없단다. 늘 꿈속에 나타나는 집이 잘되길 바란다. 쓰러져 가고 있는 저 집을 왜 여동생은 못 잊어하고 다시 사려는 걸까. 난 그 집에 정이 없고 두렵기까지 하련만, 막내 여동생은 그 집에 애착이 강하다. 막내라 가장 오래 남아 있었기 때문일까?

　두 동생은 사회 속에서 하나님의 축복으로 원하는 바를 이루고 매사 형통하게 자기 길을 잘 가고 있다. 독실한 크리스천으로, 모쪼록 훗날 나이가 들면 모두 고향으로 와서 살자고 했다. 지금도 나는 고향에서 살고는 있지만 태어난 곳은 아니니, 태어난 마을로 돌아가 어릴 때 동심으로 살고프다. 각자 짝들과 애들도 같이. 완전 꿈에 그리던 모습 아니겠는가! 그날을 기다리며.

이혈 치료(耳血 治療)

 듣도 보도 못한 '이혈 치료'란 것을 처음 받아 보았다. 여러분은 '이혈 치료'란 말을 들어 본 적 있는가? 그렇다면 치료 부분에 있어선 나보다 유식한 분이다. 하긴 처음 듣는 내가 상식이 부족해 몰랐을 수도 있다.

 내가 그녀를 만난 건 10월 말 이천시에서 주관한 '미소 나눔 재능 기부단체'를 통해서였다. '이혈 치료'가 있다는 소식을 듣고, 봉사를 즐겨 하는 분과 그 단체를 찾아갔다. 귀에 침을 주어서 병을 고치는 것으로 다리가 약한 나는 솔깃했다. 단체 사람들의 일부는 내부에서, 일부는 밖에서 대기하고 있었다. 그 단체의 처음 인상은 모임이 젊고, 순수한 사람들이 많은 듯했다.

 이렇게 해서 이혈 치료가 시작되었는데, 다행히 주사가 아니고 귀에 패치를 붙이는 방법이었다. 나는 주사를 어릴 때부터 지금까지 무서워한다. 귀에 붙일 때 유난히 아픈 부분이 있었는데, 그것은 몸의 어느 부분이 안 좋은 것이라나. 귀에도 몸과 연결된 혈점이 많아 그것을 지압하거나 눌러 신경을 활성화하는 방법인데 내 마음에 쏙 들었다. 그날 경험 후 좀 나아지는 경향이 있으면 계속해서 이혈 패치를 할 마음을 먹었다. 일단 침이 아니고 살에 부치는 거라서 아주 안전해 보였다. 때마침 하는 분이 같은 시에 거주하고 있어 훗날을 약속하고 헤어졌다. 패치의 효력이 이틀 정도 간다기에 붙인 채로 헤어졌다.

이틀 뒤 유난히 바람이 많이 불어 늦가을 낙엽이 휘날리며 비처럼 쏟아져 내렸다. 이혈 패치를 할 장소가 마땅치 않아, 소개한 지인이 가을 날씨에 딱 맞는 공원 의자로 가서 가을 날씨도 즐기고 치료도 하자고 제안했다. 그래서 간 곳이 금모래 은모래 놀이터였다. 대한민국이란 나라가 참 발전했다는 것은 공원 하나를 봐도 알 수 있다. 놀이기구는 아이들이 놀고, 어른도 즐길 수 있게 잘 꾸며지고, 단풍으로 장식한 놀이터는 완전 지상 천국 같았다. 오후 그 공원 바람이 셌다. 낙엽 비 되어 바람 타고 떨어지는 낙엽 모습이 술에 취한 듯 비틀거린다. 그날 날씬 근래 들어 좀 쌀쌀한 데다가 바람까지 불었다. 각종 낙엽의 얼굴이 너무 다르다. 치료사가 오기 전 공원 가을 구경에 정신이 팔렸다. 빨간 단풍잎 색깔이 고와 아름다운 청소년 얼굴을 하고 있고, 얼굴 큰 가로수 떡갈나무 잎은 무슨 불만이 많아 얼굴의 반이 썩은 채로 화를 내고 있다. 노란 은행잎은 화려한 파티 옷을 입고 누구보다 활짝 웃으며 낙엽 세계의 여왕 노릇을 잘 해내고 있었다. 치료사가 와 공원에서 치료받았는데, 소풍 나와 밥 먹는 것만큼이나 기분이 상쾌했다. 활짝 웃는 은행잎이 바람 타고 춤을 췄다. 마치 화려한 발레를 보고 있는 것 같다. 발레리나의 춤 솜씨에 심취해 잠이 살짝 들었다. 이혈 패치를 귀에 붙일 때 통증으로 "아얏!" 하고 갑자기 큰 소리를 내며 깼다. 모두가 놀라면서 웃었다. 몽롱한 상태에서 잠이 들려다 깼다. 아무튼 이런 식으로 일주일에 두 번씩 하기로 하고 헤어졌다. 그날 나는 낙엽을 보고 시를 썼다.

춤추는 은행잎

풍향 리듬에 맞추어

노란 민들레 꽃씨보다도

큰 날갯짓으로 함박웃음 지으며

백조의 호수 흉내 중인

화려한 댄서

수려한 겉옷 속에

푹 감춰진 비밀의 열쇠 꺼내

뭉쳐 있는 가슴을 풀어 주는

고마운 춤추는 댄서

접혔던 날개마저 활짝 펴고

모든 이의 눈길을 끌어모아

마지막 축제를 장식하는

오늘

나는야 술 취한 노랑나비

요즘은 우리 동네 한강 리버사이드 길의 벤치에서 이혈 패치를 부친다. 패치를 부치기만 하는 것으로 혈점만 알면 어려울 것이 없어 보인다. 솔직히 나는 이혈 치료하면서 나아졌는지 아닌지 확실히는 모르겠다. 크게 달라진 건 아직 없다. 한 달째가 돼 간다. 한번은 내가 질문하길 '어떻게 이걸 배우냐고, 배우고 싶다.'라고 했더니 본인은 경기도에 거주하지만 전주까지 가서 배웠다고 해서 놀랐다. 이것도 시험 검증이 있어 통과해야만 자격증이 주어진단다. 배워서 봉사하고 싶은 생각이 든다. 사실은 치료사가 봉사 단체에서 활동하는 사람으로, 계속 공짜로 '주선해 준 분과 나'를 위해 봉사해 주고 있었다. 주선한 분도 다리가 몹시 안 좋았다. 이혈 치료사가 말하길 나는 거의 모든 부분이 안 좋다고 한참을 맞아야 한다고 한다. 한숨이 나왔다. 이전엔 걷는 것도 잘 못한 적이 있었다. 지금 이게 나아진 거라 하니 놀란다. 여러모로 감사해 자동차 기름값이라도 주니 세상 마음이 편하다. 고마운 마음 표현은 봉사하는 그 손길의 값을 따라가려면 어림도 없으리라.

처음, 일단 '봉사 단체'에 갔을 때, 나 보고 가입하라고 해서 영어를 봉사하겠다고 원서를 내고 왔지만, 내가 조금이라도 나으면 이혈 패치 부치는 혈점을 배워 봉사하고자 인터넷으로 찾아보니 정보가 흔하지 않았다. 하는 곳도 적은 모양새라 정말 자격증 딸 수 있는 곳이 어려운 실정 같다. 전라도까지 가서 땄다는 말이 설득력 있었다. 다른 정보를 가지고 있는 분도 있겠지만 내가 찾아본 결과는 그랬다. 나의 이런 마음을 알고 치료사가 혈점을 코팅까지 해 왔다. 생각해 주는 마음이 너무 정성스럽다. 요즘 나는 시간 나는 대로 혈 자리를 공부 중이다. 하지만 아직은 기억하기 어렵다. 도와주는 손길 생각해 열심히 암기 해야겠다. 나도 언젠가 기회가 돼서 아픈 사람들을 위해 봉사해 주고 싶다. 하나님이 내게 기회를 준다면.

첫 나물

며칠 전부터 난 유심히 들판을 살펴보았다. 이유는 봄 되면 봄나물이 먹고 싶어서다. 급기야 지난주 여주 다운타운가를 벗어나 시골을 한 바퀴 둘러보았다. 참 이상하다, 작년에 이맘때쯤엔 나물이 너풀너풀 바람에 흔들렸는데.

오늘도 아들과 시골길을 돌아 한 시간 족히 달렸으나, 여전히 산 중턱이나 들녘은 누런 낙엽만이 그득히 쌓여 있고, 간간이 부는 꽃샘바람만이 나지 않은 봄나물을 기다리고 있다. 아들이, "엄마, 올해는 봄이 늦게 온다던데."라고 말했다.

아하, 그러고 보니 산수유 노란 꽃만 동그마니 집 담장 밑에 피고 있었다. 봉긋 올라온 목련꽃만이 봄이 왔음을 알린다. 작년에는 4월 초중순 개나리, 진달래, 목련, 벚꽃 등이 한시기에 피는 진풍경이 있었다. 그게 날씨가 갑자기 더워 그런 현상이 나온다고 한다. 아님 온실 효과 등 자연 현상에 의해 지구 온난화 관계로 기온이 상승해서 점차 열매 맺는 시기도 달라지고, 꽃이 피는 철도 이렇게 옛날과는 다른 것이다. 그러나 올해는 나물이 아직인가 보다 하고 집으로 오

2. 가족의 삶 111

기 직전, 어떤 할머니가 밭 둔덕에서 나물하고 계셨다. 자세히 보니 정말 푸릇푸릇한 것이 경사진 둔덕에서 햇빛을 친구 삼아 나름 키 크기 놀이하듯 자태를 뽐내고 있었다.

 어려서부터 딸들은 재미없다고 나물 안 하고, 나와 아들은 차를 멈춰 놓고 준비해 간 도구로 나물을 캤다. 봄만 되면 아들은 초등 1년 때부터 대학 졸업 때까지 내가 아팠던 20~21년도 빼고 매년 나물을 캤다. 내가 나물 캐기 좋아하듯 아들은 봄 되면 나보다도 먼저 나섰다. 나물로 반찬을 하면 아주 잘 먹었다. 어느새 아픈 후부터는 쇠약해지고 앉기 어려워 나물하긴 어려울 때가 있으면 아들이 주축이 되어 앞장서서 나물을 캤다. 이런 아들이 너무 든든하다. 집에 와서 조금이나마 한 접시 나물을 준비했다. 적을수록 맛있다. 봄에 봄나물을 먹어야 기운이 확 올라온다.

 올해도 나물 맛으로 봄을 시작할 듯하다. 와우, 지난해 나물을 언제 했는지 보니 4월 5일쯤 했다는 걸 일기 쓴 것을 보고 알았다. 올해가 늦은 걸로 착각하여, 더 빨리 나가서 서둘렀었다. 착각은 자유라더니, 조금만 기다리면 나올 때쯤에 나물이 나오겠지. 결국 며칠 뒤 나물이 무섭게 올라오더니, 뒤늦게 엄청 더워서 나물이 금방 너풀너풀했다. 들판은 앉아 있는 나를 불러낸다. 아들이 직장에 갔을 때 집 가까운 곳에 가서 망초나물, 달맞이를 캤다. 올해도 봄나물이 봄값을 하였다.

태몽

　나뿐만 아니라 인간은 매일 꿈을 꾸면서 살아갈 것이다. 특이한 꿈이나 악몽도 꾸고, 심지어 한 번도 가 본 적 없는 곳에서 꿈을 꾸기도 한다. 사람마다의 특징이 달라 다 다른 꿈을 꿀 것이다.

　어떤 꿈이라도 며칠 지나면 다 잊어버리고 만다. 그냥 머리 한끝의 무의식 속으로 침잠하게 된다. 퇴적암처럼 쌓이지만, 그저 쌓여서 오래된 꿈은 자취를 감춘다. 하지만 그 속에서 유독 잊지 않고 선명한 꿈이 있으니 일명 '태몽'이란 것이다. 글쎄, 어른들은 태몽을 그럴싸하게 꾸어 어머니들의 기억 속에 평생 간직한다. 그 꿈을 간직하고 평생 기도하며 사시는 분도 있다. 나도 마찬가지로 태몽만은 선명하다. 자식들 태몽만 생각하면 흐뭇해지고 웃음까지 나온다.

　아들 태몽은 신비했다. 물론 꿈풀이 전문가에게 물어본 적은 없다. 어딘지도 모를 산골짜기 길을 두 명의 부인과 같이 걸었다. 어느새 부인들은 자취를 감추고 골짜기에 있는 돌계단을 올라가고 있었다. 올라가는 곳 옆으로 허름한 헛간이 있고 오르는 산길에는 아름

드리 소나무가 팔을 쭉쭉 뻗고 있었다. 계단 끝을 올라가 보니 밑이 보이지 않는 물이 생명수라며 사람들이 발을 담그고 있어 나도 양말을 벗고 발을 담그니 너무 시원했다. 그곳에 올라간 이유는 물로 목욕 재개를 하러 간 곳이다. 여자들은 온데간데없고 나만 남아 물가에 발을 담근 채 생명수의 정기를 몸으로 받고, 산모퉁이 소나무 쪽에서 불어오는 바람을 코로 들이마시며 상쾌함에 젖어 있을 때였다. 그때 누군가 일어나, 아니 같은 학교 학생부장과 교무부장이 일어나 누굴 대표로 뽑는데 추천해 달라는 것이다. 결국 누가 날 추천해 만장일치로 대표로 뽑혀 인사를 하고 앉았다. 깨어 보니 꿈! 그런데 깨고 나서 하도 생생하여 그것이 태몽인가라는 생각이 들었다. 그러더니 정말 얼마 안 있어 임신 사실을 알았고, 그 후 아들을 낳았다. 남녀 차별이 아니라 위로 딸 둘이 있어 난 아들 얻고 정말 세상을 얻은 듯 행복했던 건 사실이다.

딸들 꿈도 희한했다.
첫딸 꿈도 어느 산 중턱을 올라갔더니, 밑이 다 들여다보이는 큰 호수가 있었다. 고여 있는 물이 아니고 폭포처럼 한쪽에서 물이 아래로 흘러 내려가고 있었다. 다소 깊어 두려워 보였는데, 호수 속에서는 샘이 풀풀 여러 곳에서 솟고 밑바닥에는 큰 우렁이들이 십여 개 정도 모여 있었다. 한쪽엔 예쁜 새 두 마리가 둥둥 떠가고 있었다. 호수는 산 높은 중턱에 있었는데 깊이가 있고 컸다. 꿈속에서 두려움을 느꼈지만, 잠에서 깨어나서도 오랫동안 내 기억에 남았다.

지금도 생생하다.

둘째 딸 꿈은 나라에서 꽃 대회를 한다며 꽃을 진상하라고 해서, 식구끼리 의논해 무궁화꽃을 진상했다. 무궁화도 아주 예쁜 겹무궁화를 나라에 진상했다. 원래 무궁화가 아름다운 꽃은 아닌데 대회 날 어인 일인지 그 꽃이 너무 아름다웠다. 만장일치로 결국 일등으로 뽑혔고 상패를 받아 친정아버지께 드렸다. 꿈이지만 매우 기뻤다.

내 꿈의 특징은 드라마틱하다. 가 본 적도 없는 곳에서 아주 넓은 평원을 달리는 꿈, 그러나 그 길에 끝이 없어 애를 먹곤 하는 꿈. 알지도 못하며 가 본 적이 없는 같은 장소에서 같은 꿈을 훗날 또 꿀 때도 있다. 여러분은 어떻습니까? 물론 태어난 집과 자란 집 중 태어난 고향 마을을 배경으로 꿀 때도 있다. 어젯밤 꿈에는 동료 교사가 산다는 오막살이 경상도 시골집을 방문한 꿈을 꾸었다. 희한하다. 웬 산꼭대기 외따로 방 두 개만 있는 집에 이 교사가 아들 하나 데리고 학교 근무를 하면서 살고 있었고, 내가 그 아기를 보고 있었다. 그 집이 시아버지 집이라고 하는 것을 꿈속에서 알았다. 한데 동료 교사의 집에 시아버지란 사람이 들렀다. 물론 경상도에 살고 있는 아기 할아버지다. 그런데 왜 꿈에 알지도 못하는 그 노인에게 내가 친근감을 느끼는지 이상한 현상을 겪는다. 아기가 비탈길 달려 내려가는 바람에 잠에서 깼다. 이것이 내가 꾸는 꿈의 한 가지 실례다. 전혀 알 수 없는 곳이 꿈의 배경이며, 내 심리 상태와도 정반대일 수가 있는 꿈이란 거다. 꿈이 마치 소설 같다.

아무리 특이하여 안 잊을 듯해도 며칠 지나면 다 잊는다. 태몽도, 드라마틱한 꿈도 마찬가지로 다 잊을 꿈이다. 글로 써 놔서 기억할지는 모르지만. 이제 수십 년이 흘러 딸들은 시집갔고, 아들은 성장하여 삼십이 넘어 어른이 되었어도, 자식이 살아갈 때 왜 자꾸 태몽을 무의식적으로 떠올리는지 모르겠다. 그 태몽은 어제 꾼 듯 선명하다. 그 산속의 거대한 소나무, 바람, 생명수, 산 올라가는 모습 등, 큰 호수의 맑은 물, 작은 새 두 마리, 흘러내리는 장엄한 물소리. 겹무궁화꽃의 눈부신 아름다움 등 눈 감고 있으면 기쁨이 샘솟고 행복해진다. 이미 자식들은 줄 만큼의 행복을 태어나면서 이미 다 주었으니, 이제부터는 그들이 작은 일을 하더라도 욕심부리지 말고 박수를 크게 쳐 주리라.

거실 속 화분

우리 집에는 화분이 십여 개 정도 있다. 물론 수십 년에서 수년, 혹은 얼마 안 된 화초까지 고루 있다. 그중 주황색 꽃이 피는 군자란이 30년도 더 버티고 있다. 황금시대에 겨우 꽃이 몇 년 피고 지더니, 요즘 꽃도 안 피고 그냥 푸르고 넓적한 잎사귀만을 꿋꿋이 키워내면서 매년 그대로 버티고 있다. 그리고 산세비리아라고 불리는 식물이 공기 정화에 좋다고 해서 분갈이하여 여러 화분에서 키우고 있다. 아이러니하게도 이층 거실 유리창 밖에는 자연 속에서 자유롭게 자라고 있는 나무가 자태를 뽐내고 있는데, 왜 비싸지도 않은 싸구려 화분 속에 물을 죽지 않을 만큼 주면서 기르고 있는지 나도 모르겠다. 자연을 바로 눈앞에서 보고자 하는 욕심 아니겠는가?

주인과 수십 년을 같이한 화분 속 화초와 나무는 나를 알고 있는 것 같다. 물을 주는 아줌마라는 걸 인간만이 의식하고 있는 것 같진 않다. 늘 함께 같은 집에서 자고 숨 쉬는 생명이기에 내가 물을 줄 때면 잘 알고 있는 것만 같다. 그중에 나를 닮은 화초도 있다. 그 외 이름도 모르는 화초가 태반이다.

어느 해인가 목사님이 신도들에게 어버이날 카네이션 대신 작은 화분의 꽃 선물을 주었다. 꽃이 져도 잎새는 남아 있기에 물을 계속 주었더니 봄이고 여름이고 가을이고 겨울이고 질긴 목숨 부지하며 10년 가까이 살아 있다. 때때로 그 꽃은 할미꽃처럼 허리가 휜 채 꽃을 피웠고 그 옆에 새싹이 나왔다. 휘어진 꽃은 생을 마감하고 새싹이 무럭무럭 자라 해마다 꽃을 피웠다. 신기했다. 일년생으로 알고 있던 식물도 물만 주면 죽지 않고 생명을 이어 간다는 사실을 깨달았다. 물론 어느 것은 본인이 죽고 새끼 식물이 대신자라기도 하지만.

등이 몹시 휘어진 식물의 꽃을 보면 삶에 지친 내 모습 같아 서글픈 적이 있었다. 휘어진 등허리를 하고 그 끝에 꽃이 아름답게 핀 모습은 마치 지는 석양처럼 화려한 장엄함을 지니고 있어 애잔한 동정심마저 생겼다. 내 처지와 비슷한 꽃을 보니 저절로 시 한 편을 읊게 되었다.

친구 된 꽃

    십여 년 전 어버이날 선물로 내게로 온 꽃
    내게로 와 그저 그냥저냥 피고 지던
    이름 모를 꽃
    수년 전부터 넌 시들시들 생각 없이 내가 주던 물
    가차 없이 가지 치던 손길 이기고 한두 가닥 남아 있네

무관심 속에 명맥 잇던 너란 꽃
이제 허리 굽고 자손 적어도
끝까지 남아 꽃을 피우네
꿈같이 내게로 와 꼬부랑 친구 된 꽃

그러나 그것은 화려한 꽃을 장렬히 피우고 그해 죽은 대신 옆에서 새끼 순을 남겨서 자식 격에 속하는 새끼 식물이 잘 커 가고 있다. 때 되면 또 꽃을 피우겠지.

내가 몸이 아플 때 키울 수가 없어서 당근마켓이란 인터넷 쇼핑에 식물들을 내놓아 키우고자 하는 집에 공짜로 주었다. 공짜로 가져가도 키워 준다는 마음이 매우 고마웠다. 정말 이름 없는 식물도 아름답게 가꾸는 손길이 있음에 마음이 푸근해졌다.

울고 싶은 일도 있다. 거의 20년을 우리와 울고 웃던 벤자민고무나무가 마지막 잎새를 떨구고 완전히 생명을 달리했다. 누군가는 식물이 죽으면 빨리 치우라고 말하는 사람도 있었다. 하지만 난 이 추운 계절에 버리지 않고 봄 되면 날 정해 말끔히 정리하려고 한다. 때론 푸른 잎으로 때론 노란 달걀 같은 열매로 우리에게 행복과 충만함을 주던 벤자민을 식구들이 매우 좋아했는데 그 나무 친구는 생을 달리했다. 잘못 가꾼 내가 미안하다.

여러 가지 화분의 꽃 중 내가 가장 좋아하는 것은 난이다. 그리고 그 난이 꽃을 피웠을 때의 모습이다. 언제런가 그 꽃과 향을 본 것이 20여 년도 더 된 것 같다. 봄이 오면 지금의 화분을 대대로 정리할 계획이다. 난을 구매하여 잘 키워서 꽃향기를 맡고자 한다. 단 두 개의 난 화분을 사서 잘 키워 보리라. 난의 꽃향기는 너무 좋고 멋지다. 마치 향수 하면 샤넬 넘버 5가 유명하다면 그 못지않게 자연의 향기로선 난꽃의 향기가 제일이라고 생각한다. 물론 사람마다 다르긴 하겠지만 나로선 그렇다. 거실 한 곳에 잔뜩 웅크리고 있는 저 나무와 화분들은 따스한 봄이 오면 환하게 웃는 화분의 얼굴로 변하겠지.

사람이나, 동물이나, 식물이나 살아 있는 평생 아름다운 마음과 행동, 목소리, 또는 향기나 꽃으로, 각자 자기 최고의 큰 몸짓으로 놀다 가는 일이다. 거실 속 화분의 식물과 꽃들이지만, 그들이 생명이 끝나는 날까지 열심히 가꾸고 행복하게 살도록 최선을 다해 살리라.

말하는 새

'짹, 짹, 짹, 짹' 오늘도 새의 우짖는 소리로 하루를 시작한다. 아침 5시 무렵이면 시커먼 창가는 약간의 빛을 실은 회색의 마법으로 변한다. 유독 오늘따라 괴이하게 주고받는 새소리가 특별하다. 무슨 사연이길래 저리 특별한 큰 소리를 내며 울어 댈까. 지저귀는 소리완 다르다. 오늘따라 괴이하게 주고받는 새소리가 특별하다. 그냥 자연스레 노래하는 것이 아니고 정말 말을 하듯이, 무엇인가를 큰 소리로 하소연한다. 새소리 싫어하면 '새가 미쳤나?' 하고 생각할 정도다,

갑자기 옆방에서 창문 여는 소리가 요란하더니, "야, 이놈들아, 가만 안 있어! 잠을 못 자겠네."라며 잔뜩 화난 목소리로 소리를 치는 사람이 있었으니 바로 나의 아들이다. 아침잠이 많은 아들은 아침마다 요란한 새소리를 싫어하나 보다. "난 새소리가 좋은데." 하고 어쩌다 아들 앞에서 말하면 인상을 찡그린다. 내가 낳았어도 나와 전혀 다른 사람이란 것이 신기할 따름이다.

실제로 난 여러 종류의 새소리를 좋아한다. 짖어 대는 새의 이름을 다는 모르지만, 다양한 새들의 노랫소리가 어우러지면 잠도 잘 오고 어느새 상상의 이야기 속으로 빠져들곤 한다. 어렸을 때 소쩍새 우는 소리를 들으면서 잠에 들면, 꿈속에서 정말 신비로운 나라에 도착해 즐겁게 놀곤 했다. 난 어려서부터 골수 시골 사람 자연인이다. 아들은 시골의 중소 도시에 살지만, 그것도 늘 나름 시골 속의 도심에서만 살아와 새소리가 익숙하지 않은가 보다. 아들은 새소리뿐만 아니라 벌레나 곤충도 무서워한다.

아들 초등학교 2·3학년 때 내가 직장 생활하던 당시, 어느 날 퇴근하면서 보니 아파트 슈퍼 앞에서 얼굴이 파랗게 질려 마구 이리저리 뛰는 애가 있어 보니 아들이었다. 깜짝 놀라서 왜 뛰냐니까, 자기 몸에 거미가 들어가서 떨어지라고 뛰고 있단다. 새파랗게 질려서 창백해진 얼굴로 뛰는 걸 보니, 정말로 내가 조금만 늦게 퇴근했다면 큰일 날 뻔했다. 얼른 옷을 벗겨 확인하니 거미는커녕 아무런 벌레도 없었다. 거미를 왜 그리도 무서워하는지 이유를 말하지는 않으나, 아마 추측으론 어려서 「동물의 왕국」 비디오에서 독거미를 본 후 그리된 듯하다. 성인이 돼서도 여전히 거미 거부 반응이 있다. 솔직히 난 거미 무서운 줄 모른다. 그렇게 30분을 어린애가 쉬지 않고 뛰었다니······. 아들의 웃기지도 않은 에피소드다. 이렇게 자연과 익숙하지 않으니 아침 새소리가 듣기 좋을 리 없다.

오늘도 산책 겸 우리 아파트를 돌아, 옆 아파트 단지를 가로질러 산책한 시간은 저녁 7시 무렵이다. 옆 아파트 단지는 지하 주차장이 좁은지 지상 도로 옆 나무 밑까지 차가 빼곡하다. 단지는 우리보다 2·3배 더 큰 아파트다. 그곳을 지나쳐 우리 아파트 정원 옆 도로 들어서자마자 '짹짹, 와르와르, 기륵기륵' 너무나 다양하고 왁자한 새들 대화 소리에 놀라 한참 나무 위를 올려다보았다. 새들도 서로 지저귀며 소리로 대화하고 있다고 알고는 있지만, 아마 오늘 유난히 시끄러운 까닭은, 늘 정원을 다니는 나를 알아보고 반갑다고 인사하고 있는 것 같은 착각이다. '옆집 아파트 산책 갔다 오시나.' 하고 저마다 내게 인사하고 있는 것은 아닐까. 한데 이상한 것은 방금 옆 아파트에선 짹 소리도 안 나던 이 많은 새소리가, 작은 아파트 단지인 내 아파트에서는 이리 극성스럽게 짖어 대느냐는 생각이 머리를 스친다.

결국 집에 오다가 벤치에 앉아 열심히 인터넷을 뒤졌다. '새소리가 많이 나는 아파트가 좋은가?' 이런 타이틀을 치니, 개인이 자기 아파트의 새소리가 좋다는 블로그 올린 글들이 쫙 뜬다. 내가 알고자 한 것은 그건 아니었다. 새소리 많이 나는 아파트랑, 별로 새소리 없는 아파트를 비교해 놓은 글이 있다면 찾고 싶었던 거다. '새소리 많이 나는 아파트와 안 나는 아파트 비교' 이렇게 쳐도 해답이 안 나오고 블로그에 새소리 나서 좋았다는 아파트의 글만 잔뜩 뜬다. 나도 웃기는 사람이다. 당연히 장단점이 있겠지. 새 많이 날아다니면 새똥도 무시하지 못한다는 사람도 있는데. 하지만 우리 아파트는 지상보다 지하 주차장이 넓어 새똥 우려가 없다. 즉 지하에 차량이 있고 지상에는 아주 적은 수의 차만 세워져 있다.

우리 아파트에 들어서면 새소리가 명랑해서 더욱 좋다. 지나가면 무언가 고자질하고 싶어 왁자지껄 큰 소리로 짖는 게 아닐까 싶다. 자세히 들어 보니 정말 내게 말을 거는 듯 알아들을 수 있을 것 같았다. 반갑다는 말인지 '안부예요, 안부.'라고 웃는 새들, 나름 이렇게 해석하고 오늘도 행복하게 새들과 대화를 한다.

헤어져야 할 시간

 '띵동띵동', 아침 9시부터 누군가 벨을 누른다. 놀라서 문을 여니 나이 오십은 되어 보이는 아저씨가 서 있다. 놀라긴 했지만, 전날 보일러 고치러 10시쯤 방문한다고 연락을 받았다. 온 분이 그 아저씨가 맞냐고 물으니 맞다고 한다.

 몇 개월 전부터 심하게 쾅쾅거리던 보일러를 이제 보내 주어야 할 때가 왔다. 어느 전직 대통령은 낡은 금성 TV인가, 라디오 인가를 수십 년째 쓰고 있다고 들었다. 나도 물건이 고장 나면 고쳐서라도 오래 쓰고 싶은 사람 중 하나다. 한데 D사의 보일러 서비스 센터 담당분이 오셔서 한결같이 하는 말은, 보일러가 너무 오래돼서 연통도 막히고 연통 자체가 갈라져 가스가 누출될 위험이 있단다. 이제 고장 날 때가 되어서 고장이 난 거란다. 물을 틀 때마다 나오는 소리가 어찌나 큰지 임산부가 들으면 큰일 날 소리 정도가 되었다. 두려움을 아주 싫어하는 난 '우르릉 쾅쾅' 소음 날 때마다 신경질적으로 소리를 질렀다. "아, 짜증 2백 배!"라면서 심하게 소리를 치기도 했다. 그 소리가 얼마나 거슬렸을지 상상해 보시라.

새 보일러로 교환하라면서 고치지도 않고 돌아서는 서비스 센터 직원분들께, 자꾸 봐 달라고 부탁하기도 송구스러웠다. 이번 기회에 보일러를 당장 갈기로 마음먹었다. 또한 온도 조절기란 것도 있는데 이미 그건 한 달 전에 새것으로 교환해 놓았다. 알고 보니 온도 조절기 교환에 바가지를 썼다는 걸 뒤에 알게 되었다. 여성들이 솔직히 기계를 잘 모르니 그 맹점을 이용해 부르는 것이 값이라 작정하고 속이면 사기에 당하는 거다. 그러니 파는 사람 양심에 맡길 수밖에. 좀 다른 사람 집보다 비싸게 설치되었다. 인터넷에 찾아보니 수십만 원은 올려 받은 것이다. 무엇을 하기 전에 철저한 준비가 필요하다는 걸 한 번 더 느끼는 계기가 되었다.

이번엔 큰마음 먹고 보일러 인터넷 사이트에 들어가 검색하였다. 지역 서비스 센터에서 직접 와서 설치해 주는 방식은 비싸서, 아들과 의논해 인터넷으로 주문하였다. 적당한 보일러를 발견한 후 통화까지 해 보니 직접 회사에서 나와 설치까지 해 준다고 한다. 십여 년 전에 수십만 원 하던 종류의 보일러는 이미 단종되고 요즘은 시대에 맞는 콘덴싱 환경 보일러란 것이 새로 등장했다.

새로운 종류의 혁신적 보일러를 인터넷으로 쭉 보니 어느 회사나 가격이나 모양새가 비슷비슷했다. 내 생각으론 연구를 서로 경쟁하듯 하나 보다. 어차피 가격도 비슷해 쓰던 보일러 회사 것으로 결정했다. 그 후 일은 일사천리 진행돼 값도 모두 인터넷으로 처리했다.

이 모든 것이 너무 쉽고 빨라 왠지 모르게 마음 한구석이 허무하기까지 했다. 세상이 너무 빨라졌다. 그러나 왠지 돈 쓰는 스피드가 돈 버는 속도의 열 배는 되는 것 같아 슬프고 허탈하다. 돈이 인생의 전부는 아니지만 없으면 살 수 없는 것이라 순식간에 나가는 돈값에 허무함을 느끼는 거다.

얼마 전 아는 대리점을 통했던 서비스 센터에서 부른 가격은 110만 원이었고, 인터넷 거래 가격은 90만 원이었으니 거의 20만 원 넘게 돈이 절약됐다. 이러던 차에 오늘 온다던 보일러 설치 기사가 왔으니 어찌 반갑지 않으랴. 요즈음 물건도 인터넷 쇼핑으로 주로 하다 보니, 쓰임이 커져 보일러까지 인터넷으로 하게 되었다. 올 초부터 본격적으로 인터넷 쇼핑 애용자가 되었다. 진짜 편하고, 배달도 집 문 앞까지 오고, 서비스도 바로 날짜 맞추어 오니 만족스럽다. 그렇다고 보통 시장이 별 볼 일 없는 건 아니다. 싱싱한 것 사야 하는 경우는 직접 가서 고르는 게 좋다.

"어디서 오셨어요?" 하니 "영등포서 왔어요."라고 답한다.
웃으면서 들어오시더니 "와 제가 방문했던 집 중 가장 좋은 집입니다."라고 한다. "거실도 넓고 햇빛도 잘 들고." 그 말이 당연히 진실일 리 없다. 나이로 보아 50대 후반쯤 돼 보이고, 가 본 곳이 한두 군데가 아닐 텐데, 이분은 상대 기분을 잘 맞출 줄 아는 사람이었다.

오랫동안 정든 보일러를 떠나보내자니 솔직히 마음이 섭섭했다. 비록 낡은 보일러였어도 15년을 나와 함께한 물건이라서 더 쓰고 싶었다. 갈아야 하는 보일러를 애석해하고 있는데 뚝딱 한 시간을 부리나케 만지시더니 통을 새것으로 바꿔 놓으셨다. 좀 전까지 떠나보내기 싫다던 마음 온데간데없고, 새로 갈은 보일러의 매끄럽게 돌아가는 소리에 기분이 몹시 좋아졌다. 모양도 새것이라 신선하니 어느덧 내 마음은 온통 새것에 마음을 빼앗겼다. 인간사든, 사물의 역사든, 새것 나오니 헌것은 자리를 양보하고 떠나야 하는 것이 슬프면서도 사실이다. 사람도 물건도 시대에 맞추어서 써야지 어쩌겠느냐고 체념이 된다.

나와 정들었던 식구들, 그중 하나 '보일러야, 참 고마웠다.'라고 마음속으로 중얼거린다. 덜거덩 쿵쾅 소리 내면서라도 마지막 순간까지 돌아갔던 네게 감사의 마음을 보낸다. 작업 다 마친 그분께선 D사 보일러를 택했다고 비닐 팩 2개를 선물로 주셨다. 나도 고마워 집에 있던 도라지배즙 2팩을 줬다. 인터넷으로 직접 판매하니 그들도 우리가 고마웠고 우리도 대리점을 통해 오는 것보다 다소 싸니 서로 윈윈이라 좋았다. 혹 이 글을 읽는 분 중 오해로 인터넷 거래만이 최고라고 생각하면 안 된다. 직접 대리점 통하면 물건을 보고 선택하는 장점도 있으니 각자 자기 취향대로 하면 되는 것이다.

인간은 태어나고 또 죽기에, 살아생전 만나는 사람도 물건도 나와 만나고 헤어지게 된다. 우리 삶 속에서 만나는 것은 감사히 여겨야 할 인연이리라. 평범한 말로 누구든 만나면 헤어지기 마련이란 옛날 말도 있다. 어쩌면 우리는 마음속에서 헤어져야 할 것들에 대하여 미리 준비하며 산다. 그래야 때가 되면 가야 할 것에 대하여 말없이 보낼 수 있다.

 웃으며 보내지만, 사람이든 사물이든 내면세계의 슬픔의 나이테는 해마다 두께를 더하여 간다. 한편에선 그 무거워진 두께로 인해 점점 인간, 사물에 대하여 무관심한 사람으로 자신이 변해 가고 있음을 스스로 깨닫게 된다. 그러나 한 가지 깨달아야 하고 실천해야 할 것은, 물건이든 사람이든 곁에서 많은 도움을 주고 희생한 것이면, 사라지는 것에도 맞이해야 할 새것에도 감사하는 마음을 가져야 할 것이다.
 수고했다, 보일러야! 15년 많은 것 주고 떠난 보일러야, 안녕!

아버지의 긴 그림자

안개 자욱한 날은 갑자기 돌아가신 할머니가 떠오른다. 기관지로 고생하시는 아버지도 생각이 난다. 차가운 안개가 내리는 날은 두 분이 기침을 시작하기 때문이다. 할머니 평생 가장 사랑하셨던 외아들이 바로 나의 아버지인데, 두 분은 닮은 부분이 참 많으셨다. 키가 작으신 모습, 생전 고운 말 쓰시는 모습, 거기에 기관지가 안 좋아서 기침하는 것까지 닮아 있다. 할머니는 70세 안 되어 단명하셨지만, 2025년 현재 아버진 95세니 그 사실이 기분 좋아 자다가도 웃는다. 얼마 전 남동생을 만났는데 100세 되시면 큰 잔치를 열겠단다.

살면서 아버지에 대한 시나, 이야기를 쓰고자 했던 적이 많았다. 차일피일 미뤘다. 이유가 쓸 것이 없어서가 아니고, 쓸 말이 많아서다. 아버지의 겉모습은 얼굴이 온화하고 평안해 보여, 언뜻 보면 세상 풍파 하나도 거치지 않은 분 같다. 살아온 세월 속에 겪으신 아픔을 알고 있기에 아버지 겉 얼굴 속에 감추어진 진실, 그늘, 고뇌를 생각해 보면, 마음이 아플 때가 많다. 엄마는 오히려 말투가 강하고 목소리가 컸다. 그에 반해 아버지는 늘 말씨도 곱고 자식들에게 자애로웠다. 어찌 보면 집안이 거쳐 온 환경을 고려해 볼 때, 엄마의 생활 태도가 이 거친 세상에 더 적합하지 않았나 싶다.

　자식 여덟을 낳아 다섯을 잃은 부모님. 구체적으로 말하면, 유산된 아들까지 포함하면 6명의 남자 형제가 세상을 달리했다. 6.25 난리 중, 피난 생활 끝에 맏이 오빠를 잃은 부모님은, 맏이가 '김○○'처럼 얼굴이 잘생겼다고 농담하신다, 배우였던 '신성일'만큼 잘생겼다고 하시지, 웬 '김○○'냐고 내가 말하면, 껄껄 웃었다. 아마 옛날 어른들 농담 방식인 것 같다.

　이런저런 이유로 형제가 죽은 기억은 어마어마한 두려움을 내게 주었다. 어릴 때 어린 동생이 세상 떠나는 것을 직접 보았다. 밤이면 조그마한 나뭇잎 떨어지는 소리에도 공포를 느껴 한동안 잠을 잘 수 없을 정도였다. 지금은 세월이 흘러가 그렇지, 사실상 글과 말로 다 표현하기 어렵다. 침묵과 공포의 연속된 아픔이랄까. 엄마가 시골에서 아궁이에 불을 넣으시면서 울음을 말없이 삼키실 때, 그 모습을 직접 본 당시 내 나이는 7살이었다. 내가 할 수 있는 건 부모 말을 잘 듣는 것 말고는 할 일이 없었다. 아픔을 안고 살아가는 부모, 특히 엄마를 바라보는 나의 입장은 늘 먹먹했다고나 할까!

　나이가 일곱 살 때라 지각과 이성이 완성된 나이가 아니었다. 엄마는 좋지 않은 꿈을 꾼 다음 날 어린 동생들이 갔다고 말해 줬다,

어린 나이라 그런지 세상이 온통 수수께끼 같았다. 마치 세상에 귀신이 날아다니는 것 같은 착각이 들었다. 그 이후 알 수 없는 공포의 세계가 나의 삶에 그림자를 드리우게 되었다.

어쩌면 엄마는 이 세상에서 살아남기 위한 몸부림으로, 크게 소리 지르고 동네 사람과 싸우면서 스트레스를 해소한 것 같다. 고향 마을에 큰아들이 16세로 돈 벌러 서울로 떠난 집이 있었다. 그 아들이 아는 집에서 자다 연탄가스를 마셔 죽었다. 그 뒤 그 엄마는 충격으로 전 마을을 돌고 뛰며 미쳐 날뛰었다. 얼마나 충격이 컸으면 수십 년이 넘도록 정신이 돌아오지 못했을까. 한 명을 잃어도 저렇게 충격인데 나의 엄마와 아버지의 속이 어떨지는 묻지 않아도 알 만했다. 우리 부모님은 정말 정신력이 강하고, 이성적인 분들이라고 생각한다. 특히 아버지는 신실하신 크리스천으로 넓은 포용력을 가지고 세상을 낙천적으로 사는 분이다. 집 밖에서는 다른 사람과 잘 어울리고 늘 평안한 마음으로 웃으셨다. 엄마는 그런 아버지와 정반대로 세상에 대하여 시샘했으며, 아버지께 악다구니를 했다.

"애가 죽어서 나갔는데 마음도 편하다, 쯧쯧."

엄마의 말을 듣고도 아버지는 그냥 지나치셨다. 힘으로 싸우면 아버지가 이기지만, 아버지는 엄마를 이해했던 거다. 엄마가 불쌍하니까. 결과적으로 동생 둘이 떠난 후 남동생, 여동생 등 2명이 더 태어났고 살아 있던 오빠 둘이 병마로 세상을 떠났다. 현재 나와 동생 둘이 살아남아 2녀 1남이 되었다. 동생 둘은 내 밑의 동생이기에, 내가 겪은 죽음의 공포를 나보다는 덜 겪어서 그나마 다행이다.

아버지는 우리 어려서부터 다른 아버지들과 달리, 우리가 할 일까지 맡아 처리해 주셨다. 물론 전문가들은 독립심 운운하시겠지만, 지나 놓고 보니 그런 아버지의 정성이 있어 크게 비뚤어지게 세상을 살지 않고 긍정적으로 세상을 보게 된 것 같다. 그 옛날 중1 때 영어 테이프를 사 주었던 일, 고등학교 졸업 후 회사 생활 1년 하다 재수생으로 '예비고사' 치를 때 수원까지 와서 부수적인 일을 처리해 주고, 대학 원서도 직접 사다 준 일, '교사채용시험' 원서까지 몸소 수원까지 가서 사다 준 일, 남편 따라 경상도 내려갔다 다시 올라올 때 나이 40살에 교육청까지 가서 몸소 알아본 아버지. 딸의 일이기에 용감했던 아버지. 이 외에도 열거하지 못한 것이 훨씬 더 많다. 동생에게도 마찬가지로 하셨고, 우리를 위해 헌신한 아버지 생각할 때, 자식 앞에 나는 한없이 부끄러운 존재다. 내 사랑은 아버지보다 매우 이기적이고 얄팍한 사랑을 자식에게 실천하고 있는 것 같아서.

어느 추석날 온 식구가 모인 가운데 아버지가 발표하셨다.
"오늘 난 중요한 것을 발표하겠다. 내게 별로 재산은 많지 않지만, 다음과 같이 공증할 것이다. 첫째 딸에겐 마을 앞 논, 아들에겐 논밭, 막내딸에겐 살던 집과 터. 그러니 사이좋게 잘들 살아라."
너무 눈물이 났다. 그때 나이 89세였을 때다. 솔직히 고향 사람들은 딸에게 상속 같은 걸 잘 안 한다. 난 솔직히 재산 때문이 아니고 아버지의 선각자 같은 마음 때문에 눈물도 나고 감동도 하였다. 한 8년 전인가, 그때 엄마는 이미 먼 나라로 떠났을 때다. 솔직히 엄마는 아들만 선호했다. 그래서 재산은 안 받아도 좋다고 생각했다. 자식을 고루 생각하는 아버지 마음이 너무 정성스럽고 감탄스럽다.

아버지와 나만의 추억이 많은 것은 아니지만 한 가지만 소개해 본다. 아주 무더운 여름날 비가 많이 오고 습했다. 아버지께서는 이럴 때 산에 버섯이 많이 난다고 했다. 그래서 장화를 신고 아버지를 따라 동네 뒷산으로 올라갔는데, 물먹은 땅 위 나뭇등걸에 붙어서 야생 버섯(싸리버섯, 청버섯, 미루나무버섯, 꾀꼬리버섯, 광대버섯, 상황버섯, 파리버섯 등)들이 무더기로 자라고 있었다. 이 중 광대버섯과 파리버섯은 독버섯이었다.

그 이름 하나하나 설명해 주던 아버지, 그때는 아버지와 산에 가서 둘이 먼가 가족을 위해 일한다는 느낌이 들어 그게 너무 좋았다. 그리고 실제로 버섯 따는 일은 매력이 있었다. 나는 신체적으로 타고난 건강 체질이었다면 직업으로 야생 버섯 따는 사람, 즉 임업에 종사해도 행복을 느낄 사람이었으리라. 오랜 세월이 흘러도 그때가 또렷하다. 장화를 신고 더운 산에서 여름 뱀을 보기도 했고, 산속 우거진 수풀을 헤치고 나아가서 버섯 찾아 따는 일은 힘들었지만 재미있었다. 이것이 나의 삶에 어떤 신화 속 동화처럼 추억의 긴 그림자를 남기고 있다.

한번은 우리 집에 와서 며칠 머물렀는데, 새벽 4시에 방에 불이

켜지고 두런두런 소리가 들려 귀를 기울이니 기도 소리였다. 아버지는 기도할 때 본인 자식과 자식의 자식들까지 한 명도 빼놓지 않고 축복 기도를 해 주었다. 눈물 겨운 정성이다. 알고 보니 매일 1년 365일 늘 하는 기도란다.

아버지는 현재 95세로 100살까지 잘 견디기를 모두 기도하고 있다. 지금은 본인의 하나 남은 유일한 아들과 같이 안산시에 사는데, 일체 잔소리 안 하고 아들 부부와 잘 지내고 있다. 아들 부부도 크리스천답게 진실한 믿음 안에서 아버지를 잘 보살핀다.

언젠가 보니 아버지가 동생 가족 사이에 너무 외롭고 얼굴이 그늘져 보였다. 지내기에 괜찮은지 물으니, 아들보다 며느리가 살갑다 한다. 아들은 든든한 거라 하고. 손주 애들도 다 커 대학을 졸업했으니 대화할 사람이 집에 없단다. 동생 부부가 맞벌이라 바쁘다. 내가 은근히 물었다.

"엄마가 아파도 있을 때가 더 낫지?"
"그걸 말이라고 하냐?"
아픈 마누라여도 말을 나누고 소통할 사람이 있어 대화는 하지 않냐며 반문했다. 행복하지만 짝이 없어 오는 외로움의 그늘을 보니 마음이 울적했다. 물론 이런 외로움은 여동생이 몸소 좋은 곳, 좋은 식당 찾아서 힐링도 하고 음식도 대접해 주고 있다.
아버지는 현명하여 동생 부부에게 잔소리 일절 안 한다. 원래 동생네가 모범적으로 잘 살기도 하지만, 아버지의 지혜로움이 평화를 가져온다. 나는 잔소리가 많아 아들이 "제발, 엄마! 외할아버지처럼 살면 안 되나요? 잔소리 말고 편안하게 칭찬만 하면서."라고도 한다.

솔직히 내가 아버지처럼 살기는 어렵다. 엄마 기질 닮은 데다가 그릇이 크질 못하고 작다. 엄마는 타인과 싸우시고 목청은 크지만, 본인 자식들에게 말씀은 거칠게 하셨어도 체벌하는 법은 없었다. 우리가 어려서는 부모님들이 빗나가거나 잘못하는 경우는 어느 집이고 체벌로 다스리는 집이 많던 시대다. 어쩌면 부모가 법인 시대였다. 체벌은 안 하시고 기다려 주었던 시대를 앞서가던 아버지를 존경한다. 나란 사람은 자식들에게 욕도 하고, 때리기도 하고, 참견도 하고, 비교도 했다. 정말 보통 한국 엄마들의 모습이 아닐까 한다. 아니 보통 엄마보다 더 뒤처진 엄마가 아닐까도 생각된다. 깊이 반성하고 후회하고 있지만, 되돌릴 수 없는 세월이다. 알면서도, 모르고도 애들 키울 때 했던 일들을 돌아보고 반성하는 마음이 든다. 아들 말을 되새겨 본다. "엄마, 앞으로 외할아버지처럼 사시면 되셔."라고. 비록 손자뻘 되지만 친정아버지의 품은 이토록 내 아들에게까지 긴 그림자를 만들었다. 인생의 바른 지표를 후손에게 준 것이다. 늘 알면서도 어느새 아들이 내 생각과 다른 얘길 하면 버럭 소릴 지르려는 자신을 본다. 아버지의 침착함을 생각하고 배워야 한다.

요즘은 아버지의 마음속에 근심 걱정을 준듯하여 죄송할 때가 많다. 전화로 "식구들 모두 잘 있느냐?"라고 물을 때가 요즘 들어 자주 있다. 그것은 아직도 아버지에겐 어린 자식인 내가 병원 수술도 받고 나름의 병이 있어서다. 부지런히 운동해 빨리 건강해지도록 노력할 것이리라.

"죄송해요, 아버지. 늘 닮으려고 노력하며 건강 조심하며 살게요."

아버지가 되는 법을 배운 것도 아닐 텐데, 멋진 아버지로 우리 가족 모두의 마음속에 긴 그림자로 남아 있어 고맙다. 아버지를 진심으로 존경하며 닮아 가도록 최선을 다하겠다.

소심한 복수

2025년 금년도 뱀띠 해다. 다른 해보다 일찍 한겨울에 구정이 돌아왔다. 구정 며칠 앞서, 1월 말 무렵 어김없이 미역 줄기 큰딸 가족이 인사차 왔다. 늘 그렇듯이 여주 쌀밥집 중 내 입에 맞고, 몸에 좋은 반찬이 많은 K식당으로 갔다. 해가 갈수록 명절 때가 돌아오면 부푼 느낌과 행복감이 조금씩 줄어들어 가는 것은 자신이 늙고 있어서가 아닐까?

"안녕하세요, 외할머니?"

해가 갈수록 발음이 정확해지는 할머니 소리. 처음엔 나를 '외'로만 불렀다. 다음엔 외할, 외할미, 외할무 등의 발음을 거쳐 올해 4살에야 외할머니란 발음을 똑떨어지게 한다.

구름과 먼지가 하늘을 덮어 흐릿한 대기 속에서, 식당을 나와 집으로 오자마자 난 이 꼬마 공주를 위해 한복으로 갈아입었다. 외손녀도 한복으로 갈아입고 있었다. 드디어 내가 거실 중앙에 자리를 잡고 앉았다. 셋이 나란히 서 세배를 한다. 서툰 세배지만 이 가족이 서로 행복하게 사는 걸 보니 보기 좋다. 늘 가족 셋이 뭉쳐 다녀 내가 붙인 가족 이름이 '미역 줄기' 가족이다. 적은 세뱃돈이지만 올해도 챙겨 주고 나니 기분이 좋다.

한복 입은 할머니가 예쁜지 꼼꼼히 쳐다보는 외손녀. 한복 입은 외손녀를 보고 너무나 예뻐서 "아이거, 우리 하늘 공주님 탄생하셨네."라고 하면서 '외할머니도 예쁘지?'라고 물었더니 고개를 끄덕인다.

설 세배 끝나고 다시 평상복으로 갈아입고 나왔다. 외손녀도 옷을 갈아입고 있길래 "와우, 나의 손녀딸 지금 그냥 손녀 되었네."라고 내가 말했다. 드디어 작년에 아기가 내게 말했던 '그냥 할머니'에 대한 소심한 복수라고나 할까. 그냥 손녀라고 부르니 얼굴 안색이 안 좋아, "그냥 손녀와 하늘 공주님, 둘 중에 무엇으로 불러줄까?"라고 물으니 당연히 공주라고 불러 달란다. 공주라고 부르자 다시 얼굴은 행복으로 넘친다. 애들 세계는 예수님이 말한 '천국은 어린아이와 같다.'란 말이 정말 마음에 와닿을 정도로 순수하다.

작년 추석 때 어린 외손녀는 내가 주려고 사 놓은 '비요뜨'란 요구르트 종류의 간식에 온통 신경을 쓰고 있었다. 식당에서 오자마자 빨리 '비요뜨' 달라는 외손녀 말에 내가 급하게 입던 후줄근한 평상복으로 갈아입고 '비요뜨'를 주니 먹으면서 나를 빤히 쳐다보며 하는 말, "이제 보니 할머니는 그냥 할머니네."라고 했다.
그래서 온 식구가 다 웃었다. 외출복에서 집에서 입던 후줄근한

2. 가족의 삶 139

옷으로 갈아입으니 덜 이뻐 보였나 보다. 그러나 그 표현이 백만 불짜리 말로 신선했다. 나는 외손녀의 창의적인 말솜씨에 자주 놀란다. 외손녀는 언어의 마술사이다. 그 순수함과 창조적 힘이 사회 속 군중의 힘으로 사장되지 않고, 오래도록 지속돼 발전의 꽃을 피우는 날이 오길 기원하며 2025년에…….

크리스마스의 속임수

싸늘한 한기에, 적절히 쌓인 눈을 보면 나도 모르게 십 대 시절로 되돌아간다. 그 시절 마음속에 감춰 놓은 겨울 이야기를 꺼내 한바탕 웃어 보자.

여동생 1명, 남동생 1명, 이렇게 두 명의 동생이 있다. 내가 고등학생 때 겨울 방학이면 크리스마스 무렵에 두 동생은 나의 말을 잘 들었다. 나는 그야말로 먹이 찾아 헤매는 하이에나로 변하고, 그들은 크리스마스 선물을 위해 노력하는 순한 양으로 변했다. 겨우 7살, 9살이던 동생들은 순진하여 크리스마스 할아방이 진짜로 있다고 믿었다. 크리스마스를 위해 쌈짓돈까지 모아 가며 동생들을 나름 많이도 부려 먹었다. 물 떠와라, 양말 가져와라, 휴지 버리고 와라 등등 온갖 잡일을 시키며 그 애들을 부려 먹었다. 마치 똘마니 보스처럼. 이 일은 식구들 몰래 일어나는 우리들만의 사는 이야기인 일인 '우사이'였다. 단 한 가지 크리스마스 날 말 안 들으면 산타 안 올까 봐 나이 차이 나는 누나의 말을 둘이 경쟁하듯 잘 듣고 있어야 하는 것이다. 크리스마스 한 7일 전부터 둘이 경쟁하듯 말을 더 잘 들었다. 천사가 따로 없을 지경이었다.

 드디어 내일이면 크리스마스 날이다. 굴뚝 쪽에 집에서 제일 큰 양말을 방문 고리 쪽에 잘 걸어 놓고 잠 못 이룰 기세다. 난 잠을 빨리 자야 산타도 온다고 해서 억지로 일찍 재우고 잠든 걸 확인한 후 그 애들이 좋아한 과자 초코파이, 알사탕, 계란 과자 등을 아버지 양말 속에 잔뜩 넣어 놓고 나도 잠을 청했다. 용돈 아껴 그 장난을 쳤다. 잠을 자는 둥 마는 둥 하던 동생들은 자다 깨기를 반복하며 양말을 보더니 새벽부터 난리가 났다. "산타가 왔다 갔다!"라고. 나도 놀라면서 "너희들이 착해 온 거야."라고 거짓말까지 쳤다. 이렇게 속인 건 남동생이 초등학교 5학년쯤까지인 듯하다.

 하루는 남동생이 학교에서 오더니 학교서 친구하고 싸움이 났다고 한다. '산타가 있나 없나'를 놓고 동생은 있다고 우기고, 다른 아인 거짓이라 우기고 급기야 담임에게 물어보기로 했단다. 담임이 동생에게 있는 것 같으냐고 물어서 확신하며 선물 받아 왔다고 하니 얼굴이 뻘게진 선생님이 자기도 모르니 집에 가서 누나에게 다시 물어보고 내일 얘기하자고 하셨단다. 으앙, 학교에서 온 동생들이 내게 산타가 다들 없다고 한다고, 친구들 모두 이상하다고 마구 화를 냈다. 난감해진 건 나였다. 저 동심에 어찌 바른말을 할지 난감해졌다. 오죽하면 그 담임이 내게 공을 넘겼을지 이해가 되고, 꾀가 많은 분이란 생각이 들었다. 고민하고 고민하다가 진실을 말해 줘야 하기에 두 동생을 불러 놓고 앉혔다. 여동생도 애들이 산타가 모두 없다고 그래서 나만 있다고 했단다. 남동생에게 "학교서 담임이 네가 있다고 할 때 표정이 웃었냐, 심각했냐?"라고 하니 마구 놀리듯이 웃었다고 한다. 그럼 "있는 게 맞는 거 같아, 없는 게 맞는 거 같아?"라고 물으니 이제 보니 없는 것 같기도 하단다. 내가 미안하다고 하면서 누나가 너희들이 과자를 너무 좋아해 산타 노릇한 거라고 자백했다. 자백할 때 동심을 박살 내어 어찌나 미안하던지. 동생이 말하기를, "어쩐지 내가 좋아하는 과자나 필요한 것만 있더라니."라고 동생이 허탈해했다. 지금도 크리스마스만 오면 그때 일로 즐겁다. 세월이 지난 지금은 추억이 되었지만 친구하고 몸싸움까지 벌인 동생만 생각하면 누나로서 면목이 없는 순간이었다. 이래서 수년간 지속된 나의 크리스마스 놀이는 끝이 나고 말았다. 결혼 후 자식들에게도 또 장난기 발동해 이 방법을 써 봤지만, 그 애들은 바로 얼마 안 있어서 엄마인 걸 눈치채고 속지 않았다. 7살이던 아들이 말하기를, "산타 할아버지 없다."라고 소리치면서 이것 엄마가 주는 거냐고 하는 바람에 그냥 선물로 줬다. 맹숭맹숭 줄라니 왜 그리 재미가 없는지, 동심과 신화가 없어진 현시대가 안타깝기까지 하다.

인간이 살아가는 동안 깊게 뇌세포에 새겨진 많은 사건 사고 중에도, 행복한 기억이 있어 우린 더 힘을 얻고 희망을 안고 웃으며 살아가는 것이다. 지금도 크리스마스가 되면 어린 두 동생 속여 먹은 이야기를 세 가정에서 이야기하며 웃음꽃을 피운다. 아무리 현시대가 우울하다 하여도, 글을 쓰는 우리는 동심과, 영감, 상상을 할 수 있는 미래를 후손에게 남길 수 있게 노력해야 할 것이다.

어느 청년의 도움

나는 할 수 없이 "어이, 청년." 하고 불렀다. 지나가다 목소리를 들은 청년과 눈이 마주치자 "손 좀 잡아 주세요."라고 도움을 청했다. 찜찜해하면서도 청년은 손을 잡아 주었다.
"앞으로 잡아당겨요." 하니 힘주어 잡아당긴다.
"도와줘서 고마워요."
그 말을 연거푸 반복했다. 청년의 도움으로 돌계단 세 개 중 마지막 계단에 올라설 수 있었다. 이것이 바로 2025년 2월 초 오전에 일어난 상황이다.

얼마 전 한강의 소설을 시립 도서관에서 대여해 읽었다. 『여수의 사랑』을 읽고서 반납하려고 길을 나섰다. 도서실 바로 뒤편에 있는 여성회관 외곽에 차를 주차하고, 어제 내린 하얀 눈 위를 공허하게 걸어서 갔다. 어쩌면 얼마 전의 읽은 한강 소설의 우울한 분위기를 연상하면서 서서히 앞으로 나아갔다. 점점 나이가 들어가니 자연의 변화에 크게 동요함이 없다. 최근 읽은 한강 소설의 심리적 배경은 나이가 좀 더 먹은 사람으로서 보면 다소 무겁고 예스러운 우울감의 정서가 녹아 있는 것 같다. 그러면서도 주위 환경에 대한 자연이나 분위기 묘사는 새로운 느낌을 나타내려고 한 심사숙고한 흔적이 보인다. 골똘히 그녀의 성장 배경을 생각하면서 여성회관에서 도서실로 통하는 계단을 올라가려고 야심 차게 발길을 내디뎠다. 밟히는 뽀드득 소리가 크게 신기한 것도 없는 무신경한 느낌은 일종의 노쇠한 감정 둔화 이런 것이 아닐까? 이런 감정은 목에 가는 가시가 걸려도 때 되면 밥을 무심히도 식도로 넘기는 개운치 않은 느낌과 비슷할 것이다. 내 마음이 오늘은 이렇듯 반은 쓰다. 50m를 걸으니 오름 돌계단 세 개가 나와 대수롭지 않게 올라가려고 시도했다. 그곳을 올라야 바로 계단을 타서 시립 도서관으로 들어가는 거다. 난 멀리서 그 계단을 내 힘으로 충분히 감당해 올라갈 수 있다고 눈대중했다. 눈 쌓인 돌계단 두 개를 올라가고 한 개의 마지막 계단을 마주한 순간 난 마지막 계단을 올라갈 수 없음을 알았다. 사실 초등학교 1학년의 힘으로도 올라갈 수 있는 계단이었다. 안간힘을 써도 못 올라가는 마지막 계단을 앞에 두고 난감해 있을 때 마침 20대 청년이 지나갔다. 젊은이는 어떤 노인이 다짜고짜 손잡아 달라는 말을 이해 못 한 듯했다. 손만 잡고 당기지 않는 걸 보니 정말 못 올라갈 줄은 몰랐던 것 같다. 나중에 잡아당겨 달란 말을 듣고서야 상황을 이해한 듯했다. 생전 처음 본 사람에게 도움의 손길 준 청년에게 진심 고마운 마음이다. 솔직히 이상한 사람으로 생각하고 그냥 지나치는 사람도 있으련만. 앞으론 주위에서 사소한 SOS를 보내는 사람이 있으면, 그냥 스치지 말고 상황의 어려움에 도움을 주는 사람이 되어야겠다고 결심을 해 본다.

층층 계단에는 보조 계단 손잡이가 있어 수월하게 올라가 마침내 도서실에 다다랐다. 이런 우여곡절 끝에 도서실의 심층부 도서 대출부 3층까지 갔던 것이다. 낮은 계단도 못 올라가는 약한 다리의 무기력한 나 자신이 싫다. 하나 올해는 죽은 사람처럼 살기 싫다. 유튜브에 나오는 광화문광장에도 가 보고 싶고, 역사 일타 강사의 격한 연설도 몸소 들어 보고 싶다. 유튜브를 자주 보는데 최고 인기 강사의 말에 매우 감동받았다. 다 아는 사실이지만 그가 목 놓아 외치는 말은 묘하게 감동을 준다. 그는 외치면서 플라톤의 말을 인용한다. "정치를 외면한 가장 큰 대가는 저질스러운 자들에게 지배당하는 것이다."라고 외치는 인기 강사의 소리는 수천 년 전 천국이 가까웠다고 세례 요한이 광야에서 외치던 소리와 비슷하다. 마치 그에게 빙의되어 울분을 쏟아내고 있는 듯하다.

이렇듯 그들의 현장에 가 보고 싶은 건 정치적 애국 활동을 위해서라기보단 그들의 생기 있고 열정적인 모습을 느끼고 싶어서. 참가 못 하는 나약한 다리가 요즘처럼 애석한 적이 없다. 올해 2025년엔 운동 열심히 하여 나라 사랑 애국 모임에 단 하루라도 참가하는 것이 꿈이다. 개인뿐만 아니라 국가가 다급해 나를 부를 때도 마음만이라도 도움을 주고프다. 어느 정치가는 "행동하지 않는 양심은 죄다."라고 했다. 그 말이 내 입에 맴돈다. 금년도 마음의 결심은 바로 '행동하는 양심'으로 살고자 하는 것인데 너무 거창한 계획일지.

3.
지혜의 샘

벗이란 / 소수의 의견 / 현시대 사이코패스는 / 가장 어리석은 일 /
100퍼센트 다 완벽할 순 없잖아 / 우리말을 사랑하자 /
특별한 삼일절 일기 / 남녀 차별 / 경고등 / 인심 변화

벗이란

 우연히 칭기즈 칸 이야기를 읽게 되었다. 칭기즈 칸이 사냥하다가 매를 죽이자, 그 매를 기리기 위해 금으로 형상을 만들어 한쪽 날개에 '분노로 진행한 일은 실패하기 마련이다.'라고 쓰고 또 다른 한쪽 날개엔 '설령 마음에 들지 않는 행동을 하더라도, 벗은 여전히 벗이다.'라고 적어서 기렸다는 글을 오늘 문득 접하게 되었다. 인생은 자꾸 살아 갈수록 깨달아진다.

 가끔은 친하다고 생각했던 친구인데, 아주 어떤 사소한 행동 때문에, 아니면 내가 생각했던 친구의 행동이 아니라는 실망감에 빠져서 친구 관계를 끊고자 했던 적이 있었다. 살다 보면 예기치 않은 일도 일어나고 친구랑 삶의 스타일이 달라 서로 오해를 빗거나, 별거 아닌 일로 서운하게 생각할 때도 이따금 생긴다.

 한 친구에게 서운한 생각을 하고 있을 때 칭기즈 칸의 이 말을 읽게 됐다는 것이 상당히 고맙다. 벗은 영원히 벗이다. 다소 생각 없고 서운한 행동을 하더라도 치명적인 것이 아니라면!

소수의 의견

내가 살고 있는 아파트가 새로 지어질 때의 일이다. 앞 출입로를 두고 여러 가지 의견이 있었다. 출입로를 아스팔트로 할까 벽돌을 깔까 선택하란 것이다. 나를 비롯해 입주민들 대다수 의견은 아스팔트는 너무 흔하니 색깔도 예쁘고, 보기도 좋은 벽돌로 깔자고 합의를 본 뒤 결국 벽돌로 깔게 되었다. 하지만 어느 한 분이 계속 큰 소리로 말했다.

"벽돌 안 좋아요. 세월이 흘러가면 벽돌이 깨져서 모습이 추하고 다시 해야 합니다."

아무도 귀 기울이지 않았다. 세월이 흘러 겨우 5년이 지났을 때 출입로의 벽돌이 깨지기 시작했다. 가장 많은 차가 오고 가니까 출입로부터 깨져서 보기가 안 좋았다. 결국 주민들이 아우성쳤다. 빨리 아스팔트로 새로 교체하라고!

결국 우리 아파트 출입로를 아스팔트 길로 새로 깔았다. 그리고 놀이터나 관리실 앞 등은 세월이 흘러 벽돌이 깨져 모습이 흉하다. 새로운 작업이 필요하다.

나는 이것으로 인해 '다수의 의견이 항상 맞는 건 아니다'는 사실을 뼈저리게 느꼈다. 경험 많거나, 많이 알고 있는 한 사람 의견도 말로만, 머리로만이 아닌 실제로 상당히 중요하다는 것을 몸소 체험하게 되었다. 의견이 다양하면, 요즘은 AI가 발달하여 있으니 컴퓨터의 AI 지능을 통해 소수의 의견도, 다수의 의견도 잘 검토해 시간 낭비, 돈 낭비를 줄일 수 있는 시대가 되었다. 하지만 앞으론 소수의 의견이라고 무시할 것이 아니라 존중하리라 다짐해 본다.

현시대 사이코패스는

어느 직업에 '사이코패스(반사회적 인격 장애)'가 많을까? 2014년 쯤 미국의 시사주간지 『타임』은 영국의 사회 심리학자 케빈 더튼이 케임브리지대학 연구원의 조사 결과를 인용해 가장 많은 사이코패스가 존재하는 직업으로 최고 경영자(CEO)가 꼽혔다고 전했다. 사회 구성원 가운데 사이코패스 성향의 인구는 1% 남짓인데 기업 대표 임원에는 그 비율이 3.5%까지 치솟았다는 것이다. CEO에 이어 변호사와 방송인, 영업자, 외과의사 중에도 사이코패스 확률이 높았다. 6~10위 직업은 언론인, 경찰관, 성직자, 요리사, 공무원이 차지했다. 반면 사이코패스가 상대적으로 적은 직업 1~5위는 간병인, 간호사, 치료사, 공예가, 스타일리스트 순이었다. 이어 자선가, 교사, 예술가, 의사, 회계사 순이었다고 한다.

『타임』은 사회적으로 성공했다고 평가받는 직업에 사이코패스가 많은 이유로 객관적인 현실 직시와 감정을 배제한 실행력을 꼽았다. 이들은 전후 사정을 고려해 최선의 의사 결정을 내리고 신속하게 실현하는 결단성과 매력을 지녔다는 것이다. 반면 간병인과 교사, 의사, 예술가 등은 반드시 그가 상대로 하는 환자·학생을 다뤄야 하기에, 사교성과 풍부한 감성이 있어야 하는 직업이어서, 사이코패스가 상대적으로 적다고 발표되었다. 물론 이것은 심리학자의 연구일 뿐이지 진리는 아니다.

요즘 느끼는 바가 있어서 이런 주제로 써 보았다. 의외로 사회에서 목표를 이룬 사람에게 냉혹한 면이 있다는 사실에 놀랐다. 목표 의식이 너무 강해 사회를 전체적으로 보지 못하고 자기 목표만 달성하려고 집중하는 면이 있다. 요즘 사회 속에서 일어나는 실례를 보면 더욱 잘 느낄 수 있을 것이다. 어느 회사 회장이 체육계의 회장을 맡고 있는데, 임기가 끝나도 나갈 생각이 없고, 잘못하고도 잘못을 모르고, 국회에 와서도 헛소리만 한다. 완전히 딴 세계에 살 듯이 동문서답하는 걸 보고 온 국민이 기막혀 하는데도, 본인은 아무렇지도 않게 생각한다. 와우, 앞의 영국 심리학자는 사이코패스 1위가 CEO 라고 했는데, 귀신같이 맞췄다. 물론 재계의 모든 사람은 아니지만, 역시 심리학자 연구는 설득력 있는 것 같다. 하지만 어디까지 학자가 연구한 부분이란 거지 진리란 말은 아니다. 하지만 수긍이 간다. 세상을 들여다보면 특이하고 이해하기 어려운 비상식적 사건도 많다. 그래서 교육 속에서 도덕 교육을 의식적으로라도 해야 한다. 안 그러면 진짜 사회 속에 사이코패스가 주는 피해가 너무 심각할 듯하다. 포괄적 도덕교육을 어려서부터 시키는 것이 이 세상에 유익할 것이다. 심리학자도 결론 내기를 사이코패스 기질 자체가 문제가 아니고, 그 기질 속에 어떤 정신을 심어 주냐가 큰 과제라고 한다. 솔직히 앞의 심리학자의 연구 속에 일반인들 퍼센트도 1% 나왔다는 것은, 거꾸로 말하면 누구나 인간의 심리 속에 사이코패스 기질을 조금씩이라도 가지고 있어 환경이 나쁘거나 안 좋은 상황에 빠지면 발현될 수도 있다는 말이다. 기질을 많이 타고난 사람이야 발현 가능성이 크지만, 좋은 환경이나 교육을 통해 이성적 확립으로 성인이 되면 도덕성이 갖추어져 잘 살아나가는 사람도 있다는 것이다. 어느 정도는 사이코패스가 다 발현되는 것이 아니고, 교육을 통해 좋은 정신을 지속해서 넣어 줄 때, 사회 속에서 나름 잘 살아갈 수도 있다는 말이다.

어려선 그래도 마음이 나름 순수한 애들도 많았는데, 시대가 바뀌어서 애들까지 요즘 사이코패스가 돼 가고 있다. 어른에 이어서 말이다. 어른들은 사회 속에서 피도 눈물도 없는 인간들이 너무 많아져서 무서운 일이고, 많은 사람이 악한 세상을 의식조차 못 한 채로 인간을 무시하며 살아가고 있다. 결국 친구가 될 수 없는 사람이 점점 많다는 것이다.

사이코패스 기질이 내재적으로 있는 애들은 어려서부터 감성에 호소하지 말고, 철저히 이익 관계로 따져 본인에게 나쁜 피해를 직접적으로 끼치는 점을 들어 교육해야 한다고 전문가들은 말한다. 실례를 들어 보면, 한 엄마가 부엌에서 설거지를 하는데, 딸아이가 옆에 있었다. 갑자기 다리가 따가워 보니 피가 줄줄 흐르더란다. 딸아이 손에 칼이 들려 있고 엄마가 아파 놀라고 있는데, 그 모습에 아이가 막 웃는 것이다. 집에서뿐만 아니라 학교에 가서도 친구에게 심한 장난치고 놀리며 피를 냈다. 정도가 심하게 상대 아픔을 인지 못하는 아이. 그래서 아동 정신과에 가서 검사를 했더니, 사이코패스로 나와서 병원에서 초등까지 '심리 특별 교육'을 실시하였다. 성인이 되어서는 사회 속에서 잘 살아간다고 한다. 그들에겐 일반인과는 다른 교육 방법이 적용된다고 한다. 이를테면 친구에게 피를 흘리게 해 놓고 즐거워할 때 "애야, 친구가 얼마나 아프겠냐. 다음부터는 그럼 안 돼." 이런 교육은 먹히지 않는다고 한다. 공감 능력이 적어서 이런 애들에겐, "애야, 네가 그렇게 해서 피 흘리게 하면 친구들이 너랑 안 놀아. 그러면 너 혼자 있어야 해." 하면 알아듣고 본인이 괴롭히던 행동을 멈춘다고 한다. 현실적 이해관계를 명확히 설명하면 이해력은 있어서, 친구 없인 놀지를 못하고 그러면 본인이 끔찍해지니 장난을 멈춘다는 말이다.

사이코패스라고 다 사이코패스가 되어 사회에서 범죄인이 되는 것은 아니다. 집에서나 학교서 이성적 교육도 많이 하니까. 그 사람들은 타인의 감정에 공감을 못 해서지, 이성적 사고까지 없는 건 아니다. 아무튼 우리는 좋은 이성적 판단을 하도록, 잘 못 살고 적응력 부족한 이들을 위해 좋은 프로그램을 개발하고, 사회성을 길러 주도록 노력해야 한다. 더불어 잘 살아가야 하는 것도 우리 몫이다.

가장 어리석은 일

 가장 어리석은 일은 뭘까? 아마도 과거의 좋은 기억이든 나쁜 기억이든 거기서 빠져나오지 못하는 사람들이 아닐까? 이것은 내 생각도 그렇지만 정신과 의사들도 한결같이 지적하고 있는 말이다. 하지만 의견은 사람마다 다르고, 이것은 어디까지나 나의 개인적인 의견이다.

 아주 오래전 유명한 프로 「아침마당」에서 부부 갈등 문제를 해결하기 위해 전문가들을 모셔 놓고 토론하던 시기가 있었다. 문제는 남편이 자기 엄마가 만든 음식을 못 잊어서 부인이 만든 음식을 타박하다 싸움이 돼서 이혼까지 하려 한다는 것이다. 이것을 들은 정신과 의사와 전문가들이 질문했다. "당신은 결혼한 지 얼마나 됐습니까?"라고 했더니, 현재 나이는 48세고 결혼한 지 20년 됐다고 했다. 그랬더니 오히려 전문가들이 놀라서 하는 말이, "당신이 몇 살인데 아직도 마누라 반찬 타령이냐? 결혼 20년이면 마누라에게 입맛 맞출 때 됐지. 애도 아니고 먼 음식 타령을 하시오."라고 하자, 남자는 당황했고 자기가 옳은 줄로만 알고 살았는데, 전국 방송을 통해서 자기가 잘못 행동해 왔다는 것을 알고 고치겠다고 했다. 부부가 둘이 나와 헤어지기 전 마지막 상담하러 방송까지 나온 것이다. 그래도 그들이 마지막 순간까지 노력하는 모습은 보기 좋았다.

"음식 타박할 시간 있으면 직접 맛있게 음식 만들어서 마누라 좀 해 주시고요."

모두 그 말에 웃었다. 왜 과거 엄마의 음식에 대한 기억에 얽매어 현재를 망치냐는 이야기였다. 구구절절 다 맞다. 오래전 얘기이지만 그 부부가 잘 살고 있으리라 믿는다. 전국 방송까지 나와 대화하고 해결점을 찾았으니. 결론은 '결혼 생활은 두 사람이 같이 노력해 가정을 일구어 가는 거니 둘이 노력해라.' 이 말이었다.

과거에 얽매어 있는 사람은 어린이부터 팔구십 노인까지 의외로 많이 본다. 과거엔 우리 집이 대갑부였는데, 지금은 쪽방에 살면서 과거에 메어 있고, 과거 사랑에 얽매여 현재 아름다운 사랑을 차 버리는 어리석은 일도 있을 수 있다.

어느 직장에서 동료로 근무했던 한 남자는 Y대 출신인데, 여대 여친 만나 알콩달콩 살다가 마누라가 먼저 젊은 나이에 저승으로 갔다. 잊지 못하고 허구한 날 술 마시며 보내길 15년. 혼자 살기 어려워서 누군가 중매해 새장가를 들었으나 역시 못 잊어 맨날 술 먹다 병에 걸렸다. 거의 죽을 지경이 되었다. 주위에서 아무리 권고해도 소용이 없었다. 하지만 새장가 들어 자식까지 뒀으면 그만 과거에서 벗어나는 게 맞다고 본다. 이성이 있으면 스스로 노력해야지. 이렇게 어리석은 직장 동료를 본 적이 있다. 언제나 술 냄새를 풍기고 직장에 왔었다. 마음이야 이해하지만 많은 사람이 여북하면 "저 사람 대학 간판이 아까워."라고 말했다.

또한 상담사로서 젊은 학생들 누군가와 이야기를 나누어 보면, 특히 왕따 같은 기억은 잊기 어렵고 극복하기가 매우 힘든 것으로 분류된다. 상처가 너무 커서다. 아무리 벗어나려고 발버둥 쳐도 잘 못 벗어나고, 도와주려 해도 너무 어려운 난형난제란 것을 상담사인 나도 잘 알고 있다. 그들도 과거의 상처에 대부분 얽매어 있다. 그러나 사람마다 좋은 기억이든, 나쁜 기억이든, 과거는 과거고 추억으로 흘려보내 버려야 한다. 현재 자기를 위해 무엇인가 건설적인 일에 관심을 가지고 미래를 위해 노력해 보라. 예를 들면 젊은이든 나이 든 사람이든, 영어 회화 학원, 일어 회화 학원, 요리 학원, 미용 학원, 서예, 하다못해 웅변 학원이라도 다녀라. 현실에서 쫓기고 피하는 말과 소가 되지 말고 맞서서 싸우는 영웅이 되라고 권고하고 싶다. 이 말은 롱펠로우라는 미국 시인이 쓴 「A Psalm of Life(인생 예찬)」란 시에서 인용한 시구절이다. 방, 사무실, 학교 등 실내에만 있어선 극복이 안 된다. 새로운 환경에서 사람도 새로 만나고 즐기면서 극복하라고 조언해 본다. 조심할 것은, 이때 마음 속상하다고 술이나 노름, 잘못된 이성 교제 등으로 벗어나려고 애쓰지 마라. 건전한 방법으로 참아 내서 한 달, 두 달 세월이 가면 좀 마음이 가라앉고, 마음이 가라앉으면 이성이 돌아올 것이다. 그 후에 이성 교제를 해도 늦지 않다.

인간이 시간적 여유가 생기면 잡생각이 더 많이 난다. 공연히 나쁜 기억의 파편들을 떠올린다고나 할까? 경험상 과거를 잊는 것은 몸이 육체적으로 괜찮다면, 일을 열심히 하는 것도 과거의 아픈 기억들에서 빠져나오는 길이 될 수 있다. 그러면 몸이 아파 누워 있는 사람들은 어찌하냐고? 일을 못 하니 따스한 햇볕을 쬐면서 아름다운 경치를 보거나, 가능한 한 무엇인가를 보면서 혼을 빼 과거를 잊게 하는 방법도 방법이지 혼자서 외로이 안방에 앉아 혹은 누워 혼잣말을 주고받지 말라고 충고하고 싶다. 어떤 노인은 킥복싱을 보다가 힘을 찾았다는 경우도 있었다.

가장 어리석은 일은 과거에 집착하고 빠져나오지 못하는 거니, 힘들겠지만 결국 자기의 힘든 세계에서 빠져나오려면 타인이 노력해서 도와주는 데엔 한계가 있다. 스스로 자기의 상태를 인지하고 그런 상태에서 빠져나오려는 본인의 노력이 가장 중요하다. 시간 끌지 말고 현명하게 어두운 세계에서 나와 건전한 활동을 함으로써 날개를 활짝 펴고 날아 보시라.

100퍼센트 다 완벽할 순 없잖아

유튜브를 자주 보는 편이다. 어쩌다 외국인이 한국 와서 찍은 유튜브에서 놀라운 광경을 보았다. 이 유튜버가 어느 카페로 가서 배가 고파 먹음직한 빵을 시켰다. 한 입 베니 겉은 딱딱하고 속은 상한 듯 물컹물컹하여 결국 못 먹었다. 그날이 8월 5일이었는데 빵 유통기한은 7월 15일이었다. 화가 난 유튜버가 이 상황을, 유튜브를 통해 세계로 생중계해 버렸다.

이분은 평소에 한국을 좋아하는 유튜버인데 그날 음식에 화가 난 모양이다. 사람들이 대부분 나라 망신이라고 댓글을 달았다. 이상한 것은 한국 카페 빵은 상큼하게 가판대에 나와 있는데, 그날 우연히 들린 그 카페는 다른 곳과 달리 냉장고에서 꺼내 데워 주었다고 한다. 좀 이상했다. 난 망신도 망신이지만, 이거 가짜뉴스 아닌가란 생각이 들었다. 요즘 한국인이 인기가 있다 보니 조회 수 올리려고 가짜뉴스가 판을 치고 있다고 한다. 그건 그렇다 하더라도 도대체 100곳 중 100곳이 이상 없이 다 완벽할 수 있나? 한국인이 신인가?

올 8월 초 마트에 갈 때 비가 왔다. 잠깐 우산을 마트 출입로 우산통에 두고 갔다. 사람이 많으니 가져가기도 어려운 시간이었지만, 장 보고 10분 뒤 나와 보니 우산이 없어졌다.

"쯧쯧, 비가 오니 남의 것을 쓱싹했구먼." 하고 중얼거리면서 마트 주인에게 CCTV 좀 봐 달라고 해 망신 줄까 말까 하다가 그 생각을 접었다. 바쁜 때에 시간이 오래 걸릴 것 같아서이다.

"남의 물건에 손대는 사람도 있겠지." 하며 중얼거리면서 집으로 돌아왔다. 어찌 모든 사람이 100퍼센트로 안 훔치겠는가? 한국인이 신의 아들인가? 다른 건 몰라도 자전거는 잘 가지고 간다더라는 말도 있다.

외국인 유튜버들이 한국에 와서 실험을 종종 한다.
'한국인들은 아무도 남의 노트북이나 핸드폰 등 물건을 훔치지 않는다.'라는 콘셉트로 말이다. 보면 실제로 거의 한국인은 남의 물건에 관심이 없다. 이유는 CCTV 때문이라고? 그러나 외국인들은 이렇게 말한다. 본인 나라들이 선진국에 속해 있고 CCTV가 다 있어도 소매치기나 훔치는 도둑들에게 못 당한다고. 그래서 아예 포기한 나라들이 늘어간다는 얘기다. 한국처럼 자기 나라도 CCTV를 잔뜩 설치하고 지켜봐도 훔치는 사람 숫자 그대로고, 한국처럼 무인 편의점이라도 시도해 보려고 해도, 시작도 하기 전에 엉망이 돼 버려 아예 시작도 못 한 나라들도 있다고…….

그래서 요즘 학자들은 한국이 남의 물건에 관심이 없는 이유는 본인도 그 물건이 있고, 더욱 중요한 것은 높은 교육으로 인한 시민 의식 향상이라고 한국을 부러워한단다. 깊이 들어가 보면 교육에도 엄청난 변화가 있어 왔다. 그런데 이런 발전이 있었다고 해도, 소수지만 여전히 소매치기나 도둑은 존재한다고 믿는 것이 타당하다. 한국 사람이라고 잘못이 하나도 없다고 할 수 있나? 한국인도 사람이지 신은 아니다.

우리말을 사랑하자

　미국에서 한국어를 가르치는 마을이 있었다. 미네소타주 베미지란 곳에 '숲속의 호수'라는 푯말까지 붙이고 한국어만 쓰는 곳이다. 캐나다 출신 로스킹 교수가 설립한 이 아카데미는 한옥 마을로, 이곳에선 8세부터 18세까지 한국어를 배우겠다는 미국 학생들을 대상으로 한국어를 가르친다. 이곳에선 아침부터 국악기인 장구 소리가 울려 퍼지며, 식사도 한국식인 김치와 국 등 한식 위주로 된 식사를 한다.

　우연히 이 방송을 보고 부끄러워 천리만리 도망가고 싶었다. 영어를 배운 지 수십 년, 내 나이 60대 말이니 중1부터 영어를 접한 것이 50년 이상 되었다. 그리고 영어 가르친 햇수가 약 30년 이상 되니 우리말 쓸 시간이 사실상 타인에 비해 적은 편이었다. 더구나 난 일기조차 영어로 쓰는 사람이었으니.

　게다가 워드프로세서 1급을 따려고 20년 전에 한글 채팅방에 들어가 한글로 대화를 나누었다. 거기는 웬일인지 표준어보다 은어와 신조어를 주고받았다. 재미있었다. 틀린 표준어의 심각성은 중히 생각 안 하고 빨리만 치려고 채팅방에서 웃고 떠들며 메시지를 주고받아, 타자 속도가 빨라져 결국 워드 1급을 쉽게 획득하긴 했다.

문제는 그 후에 발생했다. 이젠 채팅방 따위는 안 들어가나 메시지를 빨리 주고받으려고 휴대폰에 약어를 쓴다. 채팅방에서 의사소통 위주로 쉽게 쓰다 보니 나의 맞춤법에 문제가 생기고 만 것이다. 수십 년째 그러고 있었으니. 예를 들면 만나면 '방가방가' 하든가 '방갑습니다'라고 말을 주고받다 보니 원래 '반갑습니다'가 '방갑습니다'로 변질이 됐고, 어떤 때는 '방갑습니다'가 표준말 같단 착각이 오는 것이다. 그런 단어가 한둘이겠는가?

이런 한글 파괴가 나에게서 일어났다. 컴퓨터나 핸드폰에서 쉬운 말을 선호해 주고받다 보니 나의 언어는 어느덧 체계가 무너지고 비문이 자리 잡았다. 미국 사람들이 영어 쓸 때 격식 완전히 무너트리고 쓰는 대화체를 들으면서 늘 욕했다. 문법도 안 지키고 마구 쓴다고…. 그런데 내가 우리말을 엉터리로 쓰고 있으니 대단히 큰 문제이며, '내로남불'이 아닐 수 없다. 걱정되는지 특히 여동생과 남동생이 늘 지적한다. "언니 어려서 받아쓰기 못했나? 왜 이렇게 단어가 틀리지?"라고 반문한다. 그때가 퇴직 당시였으니 10년 전이다. 난 빨리 쓰려고 생략을 많이 하고 써서 그렇다고 답했다. 그때 심각성을 생각하고 습관을 고치려 노력했다면 이렇게까지 심각해지진 않았을 것이다. 그런데 아들과 딸들도 "엄마 제발 쉽게 쓰려고 문법 무시하고 쓰지 마셔. 누가 보면 초등학교도 안 나온 줄 알겠네."라고 내게 자주 지적했다. 그때도 난 들은 척 만 척했다.

그러다가 친구의 권유로 문학 단체에 들어와 시와 산문 수업을 본격적으로 받게 되었다. 평상시 메시지를 주고받던 습관대로 한글을 무의식적으로 썼으며, 틀린 글자가 맞다고까지 착각하게 되었다. 글을 쓰다 보니 혼자 보는 글이 아니라 최소한 회원들도 읽게 될 글이라서, 이제는 맞춤법 문제를 신경 많이 써야 할 문제로 인식하고 있다.

아들이 "메시지나 컴퓨터 쓴다고 다 변하진 않아. 그러나 엄마는 한글을 등한시하는 습관이 있어. 그 책임은 순전히 엄마의 몫이야."라고 말하며 자기도 메시지를 주고받지만, 문법에 맞게 쓴다는 거다. 나의 이 나쁜 버릇은 인터넷에서 주고받은 채팅 습관과, 워드프로세서 1급을 따기 위해 타자를 스피드 있게 쳐야 해서 1년 넘게 피나는 노력으로 연습을 한 것이 주된 요인이다. 무엇보다도 심각성을 너무 늦게 인지한 점도 또 다른 이유이기도 하다. 당연히 맞춤법 파괴가 되었고 그것은 바로 내 탓이다.

퇴직 후 몸도 아프고 쓸 일 없을 것 같아 치웠던 컴퓨터를 다시 방에 설치하였다. 모든 것을 핸드폰으로 처리하던 내가 급기야 컴퓨터를 다시 설치한 것은 한글 맞춤법을 되찾기 위해서다. '습관은 제2의 천성'이라고 하지 않았던가! 난 아름다운 우리 한글을 잘 쓰기 위해 노력할 것이다. 누군가 말하길 한글이 세계에서 가장 과학적인 글이고 컴퓨터 세대에 가장 적합한 언어라서, AI를 한글에 기초를 두고 개발했다고 한다.

외국인 마을에서도 저리 열심인데, 이제부터라도 맞춤법 검사도 하고 잃어버렸던 우리말을 꼭 되찾고야 말 것이다. 정체성을 잃고 편히 쓰고자 했던 언어 습관은 급기야 틀린 한글을 내 것인 양 쓰게 되었으니, 이것을 고치려면 상당한 노력이 들어가야 할 것이다. 미국인마저 한글을 배우려고 애쓰는 마당에 난 한글 자국민으로서 깊이 반성하며, 그동안 오랫동안 써 왔던 영어 일기도 당분간은 쉬어 갈 결심이다. 세종대왕님 죄송합니다.

특별한 삼일절 일기

창밖이 회색빛으로 밝아 오고 있었다. 아침에는 늘 게으름 피우고 싶다. 그리고 좋든 싫든 오늘 일어날 일에 대한 궁금한 마음을 가진다. 오늘 아침엔 말로만 가 보고 싶다던 '광화문 애국자들의 집회'를 구경 가기로 한 날이다. 마침내 실행으로 옮기고자 아직도 미처 덜 깨어난 새벽 시간을 체크했다. '와우, 일어나야 해.' 하며, 새벽 5시 30분을 가리키는 시계를 본다. 아침형 인간인 내게도 이른 아침은 버겁다.

그러거나 말거나 나는 해야 했다. 다른 두 분과 약속이 되어 있었기 때문이다. 서둘러 머리 감고 선크림을 살짝 발랐다. 준비가 끝난 시간은 오전 6시 50분이었다. 근처 김밥집에 점심용 김밥을 미리 주문해 놓아서 서둘러 나섰다. 가장 가벼운 가방을 들고 가볍지만, 따스한 겨울옷을 입고서 출발했다. 다행히 날씨가 매섭진 않다.

김밥집에는 일찍 주인이 어둠을 밝히고 생활을 시작한 모양새다. 식당에 들어가자마자 식탁 위 노란 튤립 세 송이와 보라색 이름 모를 꽃이 졸음 속에서 나를 맞이했다. 꽃을 좋아해 이유 없이 이 김밥집이 좋아졌다. 이곳은 처음 왔지만 꽃으로 식탁을 장식한 안주인의 마음이 궁금해 힐긋 웃으며 인사하니, 너그러운 얼굴과 당당한 풍채로 미소를 지으셨다. 웃는 모습이 소녀 같았다. 가게 중간쯤에 있는 테이블 위에 몇 송이 안 되는 꽃이 주인 부부를 환하게 밝혀 주었다. 바쁜 일터의 꽃으로 기분이 좋아져 여주인이 김밥 싸는 동안 시를 한 수 지었다.

꽃과 김밥집

조화인 줄 알았다
유난히 아름다운 튤립 세 송이

이른 아침부터
주인의 순수한 마음 담아
그만큼을
표현하는 꽃의 넋
메인 디시 노란 튤립 세 송이
사이드 디시 보라 꽃 다섯 송이
적지만 귀한 꽃
품어 내는 서광은

김밥 싸는 손길을
가득 비추다
주인공을 집어 삼켰다

김밥을 받아 들고 차에 올랐다. 운전하려고 하는데 차가 앞으로 나아가질 않는다. 바퀴만 돈다. 평소 운전을 소심히 하는 편이라 차 밖으로 나와 보니 세상에 약간의 턱이 있고 그 밑은 절벽이 있었다. 만약 내가 와일드한 운전자였으면 벽돌담 아래로 떨어져 대형 사고가 났을 것이다. 후진해 길을 찾아 나오려는데 후진이 안 되고 움직이질 않는다. 다시 김밥집으로 들어가 주인아저씨에게 차가 움직이지 않으니 좀 도와 달라 부탁했다. 얕은 턱에 바로 걸쳐 있는 내 차를 본 순간 깜짝 놀라신다. 연이어 내가 "아침에 염라대왕 보러 갈 뻔했어요."라고 말했다. 내가 운전할 땐 안 움직이던 차가 아저씨의 힘에 의한 운전으로 후진이 자연스럽게 움직여 해결되었다. 차를 몰고 약속 장소로 와 지인을 태우고 전철역까지 무사히 갔다. 운전하면서 오늘 아침 사고 날 뻔한 이야기를 하면서 조심해야 할 것 같다고 말했다. "맞아요. 조심합시다."라고 응답한다.

오늘은 삼일절. 광화문에 최대 인파가 모인다고 예고가 된 바 있다. 전철을 타기 전에 두려움이 약간 밀려왔다. 솔직히 같이 가는 분은 늘 애국 운동하러 다니는 분이지만, 나는 단 하루 그들의 상황을 살피러 가는 관찰자이다. 그냥 무언가를 느끼고 생의 한가운데, 역사적 한가운데 서 있고 싶어서이다.

출발역 말고는 만원이라 지하철에서는 서서 가다리다 자리 나면 앉고, 없으면 서기를 반복하며 드디어 도착했다. 여러 번 갈아탔지만, 생각보단 수월했다. 그렇게도 궁금해하던 광화문 광장은 유튜브에서 볼 땐 거창해 보였다. 하지만 실제론 앞 무대만 보니 생각보다 허술해 보였다. 하지만 수많은 인파가 오전 10시에 볼 때도 엄청났는데 오후가 다가오니 수십 혹은 수백만 될 법한 어마어마한 인파에 입이 딱 벌어졌다. 시간이 갈수록 애국 모임이 허술한 것이 아닌 매우 거창한 것이란 걸 알았다. 아니 우리나라니까 가능한, 어느 나라도 불가능한 평화 모임이라는 것에 자부심까지 느껴졌다. 평범한 할머니부터 어린 아기까지 둘러업고 나온 사람들의 모습은 처절과는 전혀 다른 모습이었다. 거의 모든 사람이 노래 음률에 맞춰 춤추면서 응원 구호를 해 기분이 좋았다. 태극기와 성조기를 들고 위험 앞에서 부르짖는다면 얼마나 슬프겠는가? 지금 대한민국 모습은 다 같이 신나는 노래에 맞춰 춤도 추고 구호도 따라 하고 그야말로 데모가 축제의 한마당이 되었다. 그들의 얼굴엔 웃음꽃과 자부심이 넘쳐났다. 사람들은 서로 양보하고 친절했으며 누구 하나 쓰레기를 버리지 않았다. 중간에 화장실 가고 싶어 임시 화장실 가는 데도 수많은 사람이 질서 속에서 임시 화장실을 쓰고 있었다. 화장실 안은 1인용 5, 6인 실이 한 박스 안에 세워져 있었고 깨끗했다. 사람들은 평온했고 즐겼으며, 가끔 부르짖는 구호는 강렬했다. 난 이런 데모 문화는 전 세계에 없는 평화 시위란 생각이 들었다. 시위 후에도 쓰레기 없는 국민 의식, 정말 놀라운 대한민국을 목도한 것 같아 눈물이 나올 뻔했다. 이후 세계는 이런 아름다운 정신과 강한 인내심을 가진 한국이 전 세계 중심이 될 거란 확신이 들었다. 또한 젊은 세대와 나이 든 세대가 어우러진 대혁명적 모임에서 여기 이 자리에 모인 청춘과 국민이 미래를 책임질 거라고 확신했다. 유튜브만 보다가 평범한 아픈 사람도, 아기 둘러업고 나온 사람도, 젊고 싱싱한 사람도, 노인도 함께한 어우러진 이 평화로운 즐거운 축제식 데모를 보니 이 자체가 매우 가치가 있다고 생각되었다. 절대로 이런 자유를 잃어서는 안 된다는 각오가 더욱 굳어졌다.

광화문 나오는 사람들은 저마다 가져온 음식으로 점심을 해결했다. '내돈내산'으로 모든 걸 해결하며 나라에 산재해 있는 문제를 해결하고자 외치는 진정한 애국자였다. 그러나 이 외침은 즐거움에서 하는 평화의 결기였다. 준비해 간 음식을 먹고 좀 있으니 오후 3시쯤 빗방울이 떨어져 같이 가신 분과 일찍 귀가하려고 서둘렀다. 전국에서 모인 수십, 수백만 이상 사람들이 있어 오후 늦게는 위험할 수 있어 일찍 광화문을 떠나기로 했다. 그렇게 많은 인파는 머리털 나고 처음이다. 하지만 힘이 하나도 들지 않고, 가슴이 부푸는 특이한 평화 모임이었다. 그 많은 인파가 지하철을 빠져나온 때도 살짝 닿기는 해도 절대 밀치지 않는 시민 의식, 감동에 감동뿐이었다. 사람이 많아 군데군데 경찰이 서서 지도하고 있었지만, 일반 시민은 그들의 말을 듣지 않고도 상대를 배려해 질서를 잘 지켜 누구 하나 상대의 앞을 가로지르지 않았다. 혹여라도 반대쪽에서 오는 사람이 있으면 길을 내주려고 애썼으며 살짝 부딪힘을 이해하고 찡그리지 않았다. 놀라운 한국인의 공중도덕심이다. 정신에 대단히 올바른 공

3. 지혜의 샘

중도덕심이 있기에 세상에 우뚝 설 날이 머지않아 보인다. 일부 욕심 많은 정치가가 돈 가지고 장난치고 있지만 소수이고, 대다수 일반 국민은 놀랍도록 멋진 나라다.

물론 아침에 갈 때보다야 전철 지리에 익숙하지 않아 물어 가며 왔지만, 고향 역에 도착하니 잘 갔다 왔다는 뿌듯함이 남았다. 말로만 들었던 애국 모임의 진실을 알고 감탄과 아울러 생생한 데모 현장의 모습을 눈앞에서 보고 우리 국민의 우수성까지 보게 된 계기가 되었다.

난 늘 말했다. '데모 현장에 갈 사람은 가고, 집에서 아기 볼 사람은 아기 보고, 직장 다닐 사람은 직장 다니고, 각자 자리에서 제 역할 하는 사람이 애국하는 자다.'라고. 하지만 가끔은 이런 살아 숨 쉬는 현장에서, 혹은 추운 아스팔트 위에서, 생명 내놓고 데모 참가하는 우국충정, 말로만이 아닌 행동으로 하는 사람들을 보니 더 실감 나고 진실을 느낄 수 있었다.

가끔 "정치에 전혀 관심 없어."라고 말하는 사람도 있다. 물론 그들 자유다. 하지만 내 생각은, 교육받는 인구가 많아지다 보니 국민이 매우 똑똑하고 현실 자각을 하는 사람들이 더욱 증가하고 있다. 그러나 요즘 언론은 제대로 뉴스 방송을 하지 않고 있다. 그래서 유튜브를 보게 된 것이다. 그나마 진실을 보도하고 있다. 전혀 관심 없고 모르는 것이 자랑이 아니다. 옛날 아테네의 철학자 플라톤은 이미 말했다. "정치에 관심 없는 자들은 가장 어리석은 자들에게 지배당할 것이다."라고. 이 말이 맞다고 생각한다. 국민이여 모두 깨어나라.

남녀 차별

내 나이 60대 후반이다. 그야말로 내 어린 시절엔 왜 그다지도 남녀 차별이 심했는지 어이가 없는 사례가 많다. 아니 그 후로도 아기를 가지면 지금의 50대 정도도 딸이면 유산시키고 아들이면 낳는다는 말이 공공연히 횡횡했다. 또한 여론이나 언론에서도 남자 아기에 대한 여자 아기 비율이 1:1.5라면서 난리 칠 때도 있었다. 그 결과 5년 정도 지나니, 여자아이는 남자아이에 비해 적어져서 여자를 수입해 오느니 마느니 우스갯소리까지 나왔다. 참으로 존엄한 인간을 가지고 우리나라 사람만큼 말 많은 나라도 없을 듯싶다.

아기에 관한 이야기가 나올 때 어려서부터 기분이 썩 안 좋았다. 우리 나이 또래가 결혼할 당시는 심지어 하나둘만 낳아 잘 키우자는 그런 구호까지 외쳤다. 그래서 아이 셋을 낳은 나는 막내가 크도록 법의 혜택을 못 받았고, 그 규제가 풀린 것은 아마 중고등학교 이후였을 것이다. 어이없는 정책과 구호 남발로 드디어 인구 말소 정책처럼 이제는 아이를 낳지도 결혼도 안 하려는 세대가 나왔다. 그때 마음속으로, 인구도 재산인데 중국같이 큰 나라도 아니면서 인구 문제를 두고 호들갑을 떨며 낳으라 마라 하여 기가 찼었다. 요즈음은 다만 아이를 원 채 안 낳으니, 여자 남자 따지지 않고 평등하게 대접해 주는 건 얼마나 다행인지 모른다. 하지만 낳든 안 낳든 인간은 모두 존귀하니 항상 평등하게 대우해야 한다고 생각한다.

양로 시설에 근무할 때 만난 할머니한테 딸과 아들이 가끔 찾아왔다. 가족 상황을 듣고 깜짝 놀랐다. 아들과 딸이 원수처럼 지낸다는 것이다. 이유를 알고 보니, 딸이 어렵게 모은 돈 1억을 이 할머니가 주선해서 오빠에게 빌려주었다. 그러나 오빠란 사람은 사업이 망했는지 안 망했는지 결과는 모르나 차도 좋고 집도 좋은 곳으로 이사해서 산다고 한다. 그런데 있던 돈 싹 끌어모아 주었던 여동생은 돈 한 푼 못 받았다는 것이다. 그래서 가족 싸움이 났다고 한다. 중간에 엄마란 분이 끼어서 돈을 주선했으니, 빌린 돈 딸에게 갚으라는 것이 맞는 것으로 생각한다. 이것은 양심의 문제다. 한데 그 할머니는 아들 편을 들고 은근히 돈을 안 갚고 있다는 것이다. 딸이 한참을 다시 고생하고 친정집과 연을 끊었다가, 그래도 엄마라고 양로 시설로 찾아온다는 것이다.

부모 역할(아버지든 엄마든)은 자식들 사이에 돈 문제가 생기면 돈이 주인에게 가도록 지도해야 하는 것이 맞다. 법에도 나와 있겠지만 성경에 나온 유명한 말, "가이사의 것은 가이사에게, 하나님의 것은 하나님께"란 유명한 말도 있다. 한데 우리나라 부모 특히 엄마란 사람들은 왜 아들 편을 들고 있는지 모른다. 아무리 부모여도 안 되는 것은, 안 된다고 가르쳐야 한다. 내가 노인분과 상담했는데 자세한 것은 이미 내가 알고 있음에도 말하지 않았다. 짐작하건대 아들을 의지하고 있고 무조건적 아들 선호를 하고 있다는 것을 알 수 있었다. 상담을 통해서든 교육을 통해서든 설득 불가다. 그 마음을 누가 바꾼단 말인가? 아무리 노인 상담사의 역할이 들어 주는 거라도 옳고 그름은 나의 양심상 그냥 지나칠 수 없어서, 내가 말했다. '가이사의 것은 가이사에게 돌려줘야' 한다고 충고했다. 아들이 빌린 돈 조금씩이라도 갚으라 해야 한다고. 아니면 도둑과 같은 거라고.

5천 년 역사 속에서 사실은 삼국 시대, 고려 시대, 조선 시대를 거쳐 오면서 조선 초기까지 남녀 차별이 없었고 심지어 부모 상속권이 법적으로 딸에게도 있었다고 한다. 조선 중기 이후 중국의 유교 사상을 받아들여 이상하게 남녀유별이 나오고 나름대로 탄압은 아니더라도, 기를 펴고 살 수 없도록 만들어진 것은 맞다고 본다. 조선 시대 역사를 봐도 여자들이 기록된 바가 별로 없다. 겨우 신사임당처럼 음지에서 뛰어난 예술 쪽에서 살짝 나오는 거지 그 외는 여자가 등장하는 일이 별로 없다. 오직 가정에서 애나 키우고 일이나 하면서 남자 말만 따르게 하는 게 법도였나 보다.

지금이라도 지구상에 남자와 여자가 평등하다는 것 깊이 인식하고 남녀 차별의 정신 빨리 없애야 한다. 남녀 차별의 정신은 망국의 정신이다. 인간은 남녀가 다 고귀한 거지, 조선 후기 우리 조상들은 어떤 사고를 했기에 여자들의 사회 진출이나 기타를 막았었는지 솔직히 이해 안 된다. 그런 역사가 되풀이돼선 안 된다. 아기 탄생에 대하여 수가 많으니 적으니 하는 문제를 다시는 말하지 말고 자연스럽게 잘 낳아서 기를 수 있는 풍토를 만들어야 한다.

경고등

작년 12월 초, 아는 분 댁을 방문하기 위해 운전하고 있었다. 내 차 뒤에서 경찰차가 따라오며 마이크로 무언가 방송을 했다. '이 동네에 뭔 일 났구나.'라고 생각하며, 마이크 소리가 들리든 말든 내 목적지를 향해 달렸다. 5, 6분쯤 가서 방문하려던 집골목에 내 차가 멈추니 경찰차도 멈추었다. 이상히 여겨 "경찰관님, 저를 따라온 건가요? 제가 무슨 잘못이라도 했나요?"라고 물으니 신호 위반했다고 설명한다.

너무 어처구니없고 결단코 어긴 적이 없기에 놀라서 물었다. 한 40대 중반은 되어 보이는 경찰관이 어느 신호등에서 어겼는지도 모르는 나를 한심한 듯 쳐다보았다. 주소를 대라고 윽박지르는 모양새다. 한술 더 떠 "이래서 나이 드시면 국가에 면허 반납하셔야 한다고요."라며 핀잔까지 줬다.

아마 염색을 안 해 희끗희끗한 내 머리를 보고 70, 80대로 안 모양이었다. 경찰관은 내 차 번호를 검색하고 있었다. 내 신원을 파악했으니 어차피 딱지를 떼고 벌금 물 생각으로.

"경찰관님 수고가 많으세요. 거기에 신호등이 있는지도 모르고, 에구구. 사람이 어리바리한지라. 알려 줘서 참 고마워요." 하고 진심을 담아 웃으며 말했다. 그때 단호하던 경찰관도 같이 웃으며 "앞으로 조심하세요. 신호등이 있는지도 모르셨다니 이번 한 번은 경고만 할게요. 앞으로 잘못하면 큰일 나요." 하면서 그냥 보내 주었다. 아 정말로 고마웠고 감사한 일이었다.

집에서 나와 10여 분 짧은 시간에 일어난 일이다. 이 일로 매우 놀란 것은 나였다. 아니 그냥 상냥한 말 한마디와 잘못한 부분을 시인한 것뿐인데 나를 봐주다니. 웃으면서 솔직하게 얘기한 말의 힘이 아주 크다는 걸 몸소 느꼈다. 그날 종일 기분이 좋았다. 말 한마디에 천 냥 빚을 갚는다는 말도 있지 않은가!

그날 집으로 돌아오면서 살펴보니 신호등이 분명히 있었다. 다만 여러 건물이 들어섰지만, 토박이로 살다 보니 타성에 젖어 이 새로운 사실을 몰랐던 거다. 아날로그 시대에 태어나 스피드한 세상에 얼뜨기가 되어 세상을 살아가고 있는 느낌이다. 문명화는 초스피드로 진행되어 나이 든 사람들은 정말로 '어' 할 때 '아'의 시대로 가고 있어서 젊은 세대들은 나이 든 연장자들을 일명 '꼰대'라고 부른다.

돌이켜 생각해 보니 경찰관도 내가 말을 예쁘게 했다고 해서 경고를 한 것은 전혀 아니고, 신호등이 실제로 있는지조차 몰랐다는 무지함에, 일단은 벌 먼저 주는 것보단 경고가 필요한 사람이란 걸 알고 경고를 먼저 한 것이다. 생각이 여기에 이르자 얼굴이 부끄러움에 빨개졌다. "이 늙은 할망구야, 정신 똑바로 차려." 하고 혼잣말을 중얼댔다.

집에서도 늘 쓰던 단어가 가끔 입에 뱅뱅 돌 때가 있다. 물티슈도 수도 없이 써 온 말이다. 어느 날 아들에게 그 단어가 생각이 언뜻 안 나서, "아들, 엄마가 물휴지 쓸 일이 있어 그러니 갖다줄래?"라고 하니, 아들이 "도대체 물휴지라니, 무얼 말하는 거예요?"라고 답했다.

물휴지도 모르냐고 난 목청을 높이고 얼굴이 벌게지게 핏대를 세우며 말했다.

"물휴지 몰라? 아이고 답답."이라며 화를 냈다.

아들이 물티슈 얘기하냐며 대꾸했다. 내가 그렇다고 하니 엄마 치매 아니냐고 한마디 한다. 잘 쓰지 않으면 어쩌다 단어 생각이 딱 안 떠오를 수도 있지, 참 나 그걸 가지고 치매 운운하는 아들이 야속하다. 물휴지나 물티슈나 거기서 거기지. 이런 것은 약한 예고, 더한 얘기도 많다. 어떤 친구는 손에 차 키를 든 채 내 키 어디 있냐고 묻고, 핸드폰 들고 핸드폰 찾는 노인도 봤다. 그리고 자식 이름, 집 전화, 심지어 집의 현관 비밀번호 등도 기억이 잘 안 난다는 사람도 있다. 집 전화, 본인 이름, 현관 비밀번호 등이 생각 안 나면 생활에 지장을 주는 치매 초창기 단계가 아닐까 싶다. 그래서 순간적 망각과 건망증이란 것도 있지만, 치매를 예방하기 위해, 기억에 경고등이 들어와 있는 분들은 검사를 받아 보는 것도 좋은 방법이다.

또 요즘 인터넷과 네트워크가 발달하니 통신이 빨라져 좋긴 하지만 역효과도 있다. 바로 개인 정보가 거의 다 노출되었다는 것이다. 솔직히 알 수 없는 수많은 곳에서 매일 쏟아지는 메시지에 골이 아프다. 한데 '난 어떤 경우에도 안 속아.'라고 큰소리 떵떵 치던 사람이 바로 나인데도 걸려들 뻔한 적이 있다. 전화상으로야 검찰청 운운, 통장 운운 이런 얘기가 많이 알려져 잘 안 속지만, 카톡 속임수는 정말 진짜 같다. 두어 번이나 내게 '엄마, 나 폰 개통해야 하는데 돈 문제로 잠시 엄마 주민등록번호 좀 알려 줘.'라면서 시작하는데 순간적으로 속을 뻔했다. 놀라서 딸들에게 일일이 확인하고 나서야 그것이 사이버 범죄인들의 작업인 줄 알았다. 급한 마음에 부모들은 확인도 안 하고 전화상 딸이라고 하면 눈 뜨고 당하는 사람들이 의외로 많이 있다. 당하는 사람이 일자무식이라서가 아니고, 대학교수나 의사도 당한다는 실정이다. 청년도 노인도 순간 모두 당할 수 있다는 말이다. 하지만 아무래도 젊은 사람보단 노인이 당할 확률이 높지 않겠는가.

요즈음 내게도 이 시대 경고등이 들어와 있다.
나뿐만 아니라 우리 노인 시대는 새로운 기계의 작동법이나 컴퓨터 등에 난감한 세대가 아닌가 싶다. 일명 아날로그 시대라고 하는데 여러 방면에서 경고등이 들어와 있을 것이다. 급변하는 세상에 나이 든 세대는 어리바리할 수밖에 없다. 사실 아주 쉬운 작동법의 기계에도 두려움을 갖는다. 특별한 사람이 있긴 하지만, 내 경우는 차에 대한 정도 이상의 과민증이 있어 앞, 뒤, 전, 후 잘 못 살피고 앞만 뚫어지게 쳐다보며 운전한다. 30년 운전 경력인데도 이 지경이니 할 말이 없을 뿐이다.

이제 경고등 켜진 세대들은 컴퓨터나 휴대폰 사용도 적극적으로 배우고 이용해야 할 것 같다. 이런저런 이유로 나는 대학원에서 컴퓨터를 전공해 휴대폰 사용이나 컴퓨터 사용은 그럭저럭하는 편인데도, 이제 30대 초반 아들이 내게 컴퓨터가 서툴다고 잔소리할 때가 많다. 솔직한 얘기로 컴퓨터 교사 자격증도 있고 공식 워드 1급 자격증도 있다. 하지만 디지털 시대에 나고 자란 아이는 이 시대의 기기가 생활화돼 있어 자격증이고 뭐고 없어도, 노인 시대 사람이 억지로 노력해 자격 갖춘 것과는 비교도 안 되게 적응과 판단이 빠르다. 오히려 자격증 같은 것이 중요치 않고 실생활에서 얼마나 사용과 적용을 잘하느냐가 더 중요하다는 말이다. 그러니 노인들이 너무 얼마나 부족해 보일까?

정말로 앱 하나 다운로드해 읽어 내고 적용하는 것에도 젊은 세대와 노인 세대가 완전히 다름을 알 수 있다. 하긴 태어나 보니 굶주림과 심지어 전쟁까지 겪어야 했던 세대와, 태어나 보니 컴퓨터에 비디오 영상에 그 외 거의 모든 것이 모던화된 시대 속에 살아가는 젊은 세대들은 달라도 너무 다른 것은 당연한 것 아닌가. 정신세계와 철학적 기조가 서로 다르다는 것이다. 알고 대처해야 하지 나와는 다르다고, 입에 거품 물고 화를 내면 될 일인가?

나를 포함해 나이 든 분들은 늘 깨어 있어야 할 것 같다. 힘이 닿는 대로 배움의 장에 나가 많이 배우시라. 운전도 배우고, 또는 운전할 시 조심하고, 각종 사이버 범죄에도 속지 않게 조심해야 한다. 바야흐로 디지털 시대, 휴대폰 시대를 살아가면서 평생 교육이란 차원에서 따라가도록 지속적인 노력을 해야 할 것이다. 이도 저도 육체적 힘이 닿지 않으면 책이라도 많이 읽고 관대함과 사랑으로 후손을 이해하고 이끌어 가며 껴안아 줄 수 있는 어른이 돼야겠다.

인심 변화

  60이 넘으면서 내 몸의 변화가 급격히 왔다. 생전 병원을 잘 몰랐는데, 날씨 변화만큼이나 병원 가야 할 일들이 변화무쌍하게 생겼다. 급기야 수술해야 하는 이상이 생겼다. 그것은 자궁, 콩팥, 직장에 관련된 '고관절 장기 탈출'이란 노인성 질병으로, 여성이 나이 들면서 오는 노인성 질환이다. 자연 분만자에게만 거의 나타난다. 나의 수술을 담당했던 의사는 "병이 아니라 노화입니다."라고 놀란 식구들을 위로했다. 장기가 밑으로 처지게 된 직접적인 원인은 아마 내가 요양 보호사로 잠시 일했을 때, 힘든 육체적 일을 안 해 봤던 몸이라 무거운 휠체어를 들거나 어르신 목욕 등의 일을 할 때 힘 조절 실패로 노화가 앞당겨진 것이라 생각한다. 물론 어르신 분들을 사랑한다. 또래보다 몸이 약한 와중에 무리해서 온 병이라는 생각이 들었다. 안 그랬으면 노인들을 부모님이라 생각하고 잘 돌보아 드리고 싶었는데 몹시 아쉬웠다.

  마음에 걸려 요양 보호사 일을 그만두고 몇몇 산부인과에 가서 속마음을 털어놓으니, 하나같이 수술할 때가 아니란다. 수술할 때는 장기가 밑으로 빠질 듯 거의 나와야 수술에 들어간단다. 한 병원에서는 나보다 연배 아니면 비슷한 나이의 남성 의사가 나에게 면박을 줬다. "아직 수술할 때 안 됐어요!"라고 소리까지 지른다. 하지만 너무 걸음이 어렵고 염증도 생기고 해서 아들을 앞세워 진료의뢰서를 얻으러 병원에 갔다. 의사는 마지못해 신경질 비슷한 걸 내면서 써줬다. 솔직히 내가 사는 소도시는 의사, 간호사 심지어 행정, 금전 사무를 맡고 있는 원무과 직원까지 친절과 담쌓고 있는 것 같다. 병원에 들를 때마다 기분이 나빠서 다시 오지 말자고 늘 되뇌곤 했다. 예를 들어 의사가 배가 아파 진료를 받으러 가면 진료 끝에 무언가를 말한다. 무언가 궁금해 질문하려고 하면 '내가 지금 말하는 중이니 말 끊지 말고 들어'라고 소리친다. 일방적으로 듣다가 다 끝나고 질문 이어서 하려면 우습게 여기고 딱 끊는다. 어쩌다 간호사와 마주쳐도 쌩쌩 바람만 분다. 이 도시에서 제일 큰 병원이 그렇고, 작은 병원은 그나마 약간 친절했다. 거의 외부에서 살던 사람들도 이 도시의 병원에 대하여 같은 얘기를 하는 걸 보면 친절하지 못한 건 맞다고 본다.

진료의뢰서를 가지고 강원도 원주시에 있는 대학 병원을 찾았다. 우리 집에서 가까워서 도 경계를 넘어 15년 전쯤에 몇 번 갔던 기억이 있다. 예외 없이 그때는 그 병원도 인상이 안 좋고 건물도 지저분했었다.

한데 놀라운 반전이 있었다. 올 때 큰 기대는 안 했었다. 15년 만에 오니 천지개벽했다. 병원 시설은 새로 지어진 것인지 개축인지 모르지만, 넓고 깨끗하게 모든 것이 현대화되었고, 시설이 매우 좋아졌다. 병원 기기부터 화장실까지 깨끗했다. 의술을 모르는 나도 한눈으로 알 수 있을 것 같았다. 모든 것이 전산화 최첨단의 의료 시설로 변모한 듯 낯설기까지 했다. 요술 방망이라도 있나? 더구나 의사, 간호사가 어찌나 상냥하고 친절한지. 병원은 그야말로 엄청난 기반 시설에 현대화가 합쳐져 환골탈태한 모습이었다. 무엇이 변하게 했는지 병원 관계자들은 잘 알겠지만, 일단 외부 사람으로서 느낀 건 의사와 간호사의 친절성으로 생각되었다. 이것은 정말 큰 변화로 병원에 오니 기분이 좋아진다. 물론 15년 전엔 소수 제외하곤 아주 친절성 없는 원무과 직원부터 의사, 간호사도 역시나 같았다. 이건 정치에 비하여 말하면 개혁이었다. 개혁이라 하면 병원 시설에서도 오겠지만, 간호사와 의사의 친절에서부터 우선 오는 것이란 것을 바로 경험으로 알 수 있었다.

병원 밥도 쌀이 어찌나 좋던지 질 좋은 쌀을 사용함에 틀림이 없다. 반찬과 밥의 양은 충분했다. 주위 사람이 병원에 대해 물으면 이 대학 병원을 권한다. 화가 나 있는 표정에 물어도 퉁명스럽게 말을 자르고 본인 말만 하는 병원에 누가 가길 원하겠는가? 대학 병원은 일단은 의사와 간호사의 승리다. 정말 탈바꿈한 이유를 알고 싶다. 막연한 생각이지만 의사들이 물갈이되면서, 좋은 의사들이 투입된 거 같다. 그 지역 의과 대학에서 뛰어난 '인재 양성'을 하고 있다는 말도 공공연히 들린다. 이 병원의 변신은 다른 사람들 생각도 비슷했다.

 아들의 편도선절제술도 여기서 받았다. 서른 살이 넘은 아들도 매우 친절해서 좋다고 한다. 늘 한결같이 친절한 이 병원 의사와 간호사에게 혹시 이 글을 읽는 분이 있다면, 고맙다는 말을 이 글 속에서 나마 표현하고 싶다. 아들 수술은 성공했고 의사도 멋지셨다.

 그러던 5월, 편도선절제수술 한 달 후 아들 눈에 이상이 생겼다. 하루에도 몇 번씩 벌레 같은 무리가 지나간다는 것이다. 날파리증을 의심했는데 그게 아닌 것 같다고 했다. 빛도 번쩍거리고 이상하다고 해서 일단 뇌 질환 진료를 보고자 우리 지역 종합 병원으로 가서 말했다. MRI 기계가 새로 들어와서 찍어 보자고 하더니 결과는 멀쩡했다. 안과에서 진료해 보라고 해서 갔더니 망막박리라고 한다. 시골이라 수술은 어렵고 대학 병원으로 가라고 권했다. 편도 수술을 한 대학 병원으로 가려고 예약 문의를 하니 의대생증원 반대하는 데모로 의사가 한 분밖에 없어 수술이 어렵다고 다른 곳을 알아보란다. 이 안과 질병은 응급이라 결국 다음 날 서울로 갔다. 서울은 의사가 얼마나 냉정할지 은근히 걱정되었다. 그런 걱정은 서울 가서 금방 사라졌다. 간호사도 친절하고, 의사도 최대로 친절했다. 시골에서 올라왔다고 바로 그날 입원해서 다음 날 수술 들어갔다. 서울 B 병원에서 봐 준 것이 아니고, 망막박리는 응급이라서 빨리 수술 들어갈 수 있던 것이다. 의사 선생님도 물으면 짧게라도 응대해 주셨다. 간호사들도 환자 가족의 여러 소리에 귀 기울여 주셨다. 서울 사람들이 냉정한 것을 자주 보았는데, 언제 천지개벽했나 의아했다. 어렴풋이 지나가는 생각은 인터넷 발달로 '서비스의 개과천선'이 이루어졌다는 생각이다. 암튼 서울 B 종합 병원은 깨끗했고 친절했으며 비용 또한 저렴했다.

근래 본의 아니게 소도시, 대도시 시골 병원을 다 가 본 나로선 격세지감을 느꼈다. 특히 큰 도시 양질의 의료 서비스, 의사·간호사의 혁신적인 태도 변화는 생각 이상으로 바람직하게 바뀌어서 기분이 너무 좋았다. 아직도 깨어나지 못한 시골 소도시의 태도와 비교하면 많이 차이가 난다. 소도시도 건물이나 의료 장비는 거의 최첨단이고 인터넷망은 대한민국 도시든, 시골이든 세계 제1위일 것 같다. 틀린 것은 인심과 서비스의 차이가 다르다. 우습게도 시골 인심이 좋은 줄 알았더니, 큰 도시 병원 의사가 더 친절하단 생각이 든다. 물론 통계로 나온 것이 아닌 내 개인의 의견이지만.

잘 살펴보니 인심의 변화는 오히려 대도시나 한국의 수도 서울에서부터 일어나고 있었다. 시골 인심이 좋다는 말은 옛말이 된 듯하다. 대한민국은 작은 국가로 시골도 다 도시화되어 간다. 시골 의료도 많이 발달되었다. 다른 것은 인심과 서비스 정신이다. 시골의 의사들은 태도를 변화시키지 않고 살던 대로 산다. 대도시 의사들은 의식이 바뀌어서 변화된 건가? 그것보다 나이 든 세대들이 물러나고 젊은 세대가 현장으로 나오면서 태도에 혁신적 변화가 온 것 같다. 현대화 시대에는 선진 대한민국을 만들기 위해서 다 같이 시민의식 향상이 필요하고, 모든 사람은 이를 위해 다 함께 노력해 나가야겠다.

4.
길 위에서 만난 사람들

선물 / 구하라 그럼 구할 것이요 / 보라색 열매 집을 가다 /
어떤 마을 경로당 / 아흔넷의 노인 / 뜻밖의 반전 / 시각의 오류 /
철 이른 봄 냉이 / 고양이 밥 주는 여자 / 고향 전철 시승식 /
어떤 사랑 / 봄나물 전쟁 / 길 위의 사람들 / 쑥밭에서 /
보름달의 유혹 / 강변에서 만난 새 친구

선물

귀에 익은 핸드폰 벨소리가 들린다. 전화를 받아 보니 잘 아는 분이었다.

"샘, 준다고 하던 수박 남아 있나요?"라고 묻는다. 마음에 찔린다. 사실 내가 수박 한 통이 너무 커서 사 온 날 다 먹기 힘들어 3분의 1쯤 주려고 따로 남겨 놓았었다. 한데 다음 날 정기 검진이 있어 또 그다음 날 준다고 메시지를 보내 놨던 바이다. 게다가 그 수박은 고른다고 고른 거였지만, 값은 비싼데 어찌나 맹탕이던지 먹을 때 설탕 한 숟가락 넣고 먹을 정도였다. 아무튼 준다 약속한 게 있어 수박을 꺼내 보니, 조금 남은 데다 상한 것 같아 부랴부랴 메시지를 남겼다.

"주려고 한 수박을 잘라 먹어 보니 맛이 없어 주기가 그래요. 다음에 좋은 거로 사면 줄 게요. 미안해요."

이렇듯 마음이 찜찜하던 차에 전화까지 받은 것이다. 아무리 한여름 제철 수박을 좋아한다 해도 맛없는 걸 주는 건 아니라고 생각했고, 지금도 맞다고 확신한다.

몇 년 전, 지금은 칠십 중반쯤 되었을 지인이 추운 겨울 아파트 밑에서 찾는다는 연락이 관리실에서 왔다. 1층으로 내려가 보니, 집사란 분이 웬 자그마한 플라스틱 통을 들고 있었다. 며칠 전에 김장했다고 자랑해서 감사하다 인사하며 받아 들었다. 집에 와서 열어 보니, 세상에 먹다 남은 찌꺼기 김치인 듯 먹을 것이 없는 김치가 아닌가? 이해하기 어려웠다.

'김치는 김치지 먹기 어려운 김치가 뭐야?'라고 반문하겠지만 진짜 먹다 버리려고 한 잎이 거의 없는 찌꺼기 김치였다. 난 크나큰 절망감에 휩싸였다. 물론 몸이 매우 아플 때여서 음식을 못 만들어 먹던 때였다. 나이 드신 분들께 베푼 것이 없어 이런 대접받나 싶고, 그분의 상황을 나도 정확히 몰랐지만 어떤 경우라도 선물이면 선물다워야 한다고 생각하게 되었다. 이때의 교훈은 '타인에게 선물을 아예 안 하든지, 하려면 질 좋은 것으로 하자.'라는 내 나름의 삶의 철학을 세우게 되었다. 이런 연고로 수박도 안 주게 된 것이다.

똑같은 김치지만 친한 안 선생은 김장 김치 한 통과 수술 후에 보양식인 닭죽을 정성껏 만들어 주었다. 김치도 맛있고 죽도 매우 맛나 기분이 너무 좋았던 기억이 있다. 김치도 그냥 김치가 아닌 온갖 정성이 들어간 김치. 닭죽은 밤, 인삼, 대추는 물론 녹두까지 들어갔고, 닭은 살을 곱게 곱게 찢어 소화 잘되게 한 최고의 닭죽이었다. 주려거든 이같이 정성이 들어가면 더할 나위 없이 좋은 거다. 그러나 모든 사람들이 이렇게 정성을 쏟긴 어렵고 사서 주든 만들어 주든 다 좋지만, 곧 버려야 하는 물건이나 음식을 주는 것은 상대에 대한 배려에 어긋나고 예의도 아니다. 그런 상태는 차라리 안 주는 것이 낫다. 상대가 혹여 떠도는 거지라도.

우리 교회의 목사님이 계시는데 설교도 열정적으로 하시고 친절하시다. 오랜 시간이 흘러도 개척 교회로 있지만, 이 교회를 사랑한다. 대형 교회 목사같이 목에 힘주지도 않고 성경 말씀을 진실하게 열심히 전달해 주어서 아주 좋다. 시골 개척 교회라 웬만하면 모두 떠나려는데 늘 지켜 줘서 고맙다. 그런 목사님의 장점이 또 있다. 명절 때나 특별한 날 선물로 질 좋은 고등어, 새 옷 등을 신자에게 준다. 그 선물의 출처와 가격은 중요치 않다. 좋은 걸로 주시려는 그 마음이 좋다. 아니면 꼭 집안에 쓸 만한 것으로 준다.

드디어 수박을 선물하려고 전화했다. 수박 사러 같이 가자고. 지인 집이 마트에서 가까워 사서 바로 보내려고 했다. 마트에 간 지인은 본인이 고른다며 난리다. 어차피 내가 주려고 마음먹은 거 골라 보라고 했다. 마트에서 지인 집으로 와 반으로 갈라서 반은 그쪽, 반은 내 것으로 나누었다. 급한 마음에 좀 먹어 보니 맛이 달콤했다. 잘 고른 것 같다. 이분이 수박을 아주 좋아해 탐스럽게 베어 무는 걸 보고 나도 흐뭇했다. "그래 선물은 이 정도로 기뻐야 하는 거야."라고 혼잣말을 중얼댔다. 사실 지인은 혼자 사는 사람이었고 나도 아들이 수박을 안 먹어 큰 수박 하나면 둘이 반 갈라도 일주일도 넘게 먹는다. 그 와중에도 양이 많아 다른 분이 오면 드린다고 말하기에, "난 샘이 두고두고 먹었으면 해. 하지만 마음대로 혀. 내 손을 떠난 선물이야."라고 말하니, "그래요, 그럼. 내가 먹을게요." 냉장고로 잘 정리해 넣었다. 큰 수박이기에 양이 많았다. 이렇게 주고자 한 수박을 주었더니 빚진 것 같은 것처럼 마음이 뻥 뚫리고 시원했다.

 선물 그것은 타인의 마음을 즐겁게 하고, 적당한 가격으로 기쁘게 하며, 가급적 당시에 가장 필요한 것이 가장 좋은 선물이라고 생각한다. 비싸면 마음의 짐이 되니 너무 비싼 것보단 정성이 들어가는 것이 더 기분이 좋다. 그 누구에게 선물하든 주고도 욕먹는 선물은 하지 않아야겠다. 요즘 한 가지 나쁜 버릇이 생겼다. 필요 없는 선물보다 적합한 선물이 좋아서 사 갈 집에 가장 필요한 것을 물어보고 사 가는 습관이 생겼다. 잘못하면 실례가 될 수도 있는데, 그래도 버려지는 선물보다 물어서라도 적합한 선물이 낫다.

구하라 그럼 구할 것이요

아파트 살구 열매가 올해는 단 한 개 맺은 줄 알았다. 그런데, 다 익고 보니 초록색 잎사귀 뒤에 노랗게 익어 가는 열매가 세 개 더 있었다. 어느 날 나가 보니 떨어진 살구 한 개가 누군가의 발에 짓뭉개져 있었다. 그렇다. 같은 사물이지만 이 살구는 이 아파트에서 내게만 의미 있는 것이다. 나머지 살구를 지키고자 난 매일 산책 겸 그 나무 밑을 지나갔다. 7월 초 장마가 시작되어 비가 오락가락했다. 그래서인지 살구 세 개나 하루씩 간격을 두고 떨어졌고 모두 내 손에 들어왔다. 간절히 원하고 주우려 행동했더니 얻어진 것이다. 올해는 너무 귀해 보관하고 싶을 정도지만, 상하면 쓰레기가 되니까 내 몸을 위해 기도하면서 먹었다. 내년엔 열매 많이 맺으라고, 감사하다고 중얼거리면서.

새삼스럽게 깨달음이 왔다. 성경 말씀이 아니라도 무엇인가를 위해 간절히 바라고 얻기 위해 행동하면 이룰 수 있다는 것을 새삼 느꼈다. 사랑을 위해 꾸준히 노력한 어느 친척 언니 얘기다.

40년 전. 언니 집이 우리 동네에서 가난하기로 이름났는데, 그 집 딸이 넷이 있었고 이 딸은 셋째였다. 위로 언니 둘은 서울 공장으로 취업이 됐고, 셋째는 언니들이 버는 돈으로 겨우 중학교 학비를 받아 중졸을 할 수 있었다. 언니들도 연애하여 짝이 있게 되자, 친정에 관심이 덜해지니 자연스럽게 돈도 끊어지게 되었다. 중졸이었던 이 언니가 어찌어찌 아는 사람 소개로 서울 어느 회사의 사무실 보조로 들어가게 되었다. 사무실 정식 직원이 아니고 서비스하는 보조였다. 책상도 닦고 커피도 날랐다. 이 언니는 이쁘지도 밉지도 않은 외모지만 날씬하고 그 당시로는 약간 큰 키에 얼굴의 피부색이 하얗고 단아해서 생김보다 이뻐 보이는 그런 부류의 사람이었다.

그러던 어느 날 회사가 시끌벅적해 알아보니 사장 아들이 경영을 배우려고 아예 바닥부터 시작하기 위해 그 사무실로 발령을 받아 왔다. 이 언니는 사장 아들을 보고 깜짝 놀랐는데, 만화 속에나 나오는 미남이었기 때문이었다. 그때 언니는 겨우 18살. 어차피 본인은 심부름하는 처지이니 아랑곳하지 않고 자기 일을 열심히 했단다. 다른 때보다 창피함은 들었지만, 내색하지 않고 당당히 일했다. 언니는 말수가 적고 책임감이 강하고 착실했다. 사장 아들이면 잘난 체나 하고 시건방질 터인데 이 아들도 자기 일을 충실히 했다. 대학 졸업 후 군대 갔다 와서 나이가 서른 살 정도 되었다고 했다. 언니는 더욱 존경하는 마음이 생겨, 결혼할 사람도 아니니 마음에서 우러나는 대로 사심 없이 최선을 다해 사무실에서 일했으며, 특히 사장 아들을 위해서는 물 한 컵이라도 정성 담아 갖다주었다. 삼 년이 흘러 언니가 20살이 되었다. 하루는 사장 아들이 "미스 김, 오늘 내가 할 말이 있으니 잠깐 다방에 가서 기다려."라고 말했다. 상사로서 할 말이 있어서 거나 아니면, 잘못한 것을 지적하려는 줄 알았다. 사장 아들은 언니의 고향과 학력을 이미 알고 있었다. 회사에 있는 이력서를 보았겠지. 그러면서 오늘 20살 성년 기념으로 저녁을 산다고 했다. 사무실 일을 너무 잘해 줘서 고맙다고.

소문에 의하면 그 무렵 사장 아들은 여러 혼담이 오고 가던 때인 듯했다. 아무튼 성년 축하한다면서 부기 학원을 권했다. 간단히 사무를 볼 수 있는 학원에 다니라고. 사무실 끝나면 시작하는 학원인데다 최소 3개월만 다녀도 간단히 사무 처리할 수 있다고. 지금은 역사의 뒤편으로 사라졌지만 그땐 고시생도 많았고, 학력이 없어도 같이 시험 볼 기회를 줬던 때이다. 언니 얼굴이 빨개졌고, 역시 내가 너무 불쌍하고 못나서 잔소리하나 보다고 생각했다.

하지만 진심으로 존경했기에 자존심 생각하지 않고 학원에 다녔다. 그런데 사장 아들이 직원 복지 차원에서 학원비를 지원한다고 했다. 아무튼 세월이 흘러 학원을 마친 6개월 후 정식 사무실 직원이 돼서 축하받고, 회사 내 다른 부서로 정식 발령을 받았다. 이때는 '사장 아들이 언제 결혼한다더라.'라는 말이 회사에 돌았을 때였다. 아무튼 다른 부서에 발령받아 회사 생활 잘하는데, 두어 달 뒤 사장 아들이 아프다는 소식이 들려왔다. 인정상 병원을 방문하게 되었는데, 퀭한 얼굴에 매우 아픈 모습이었다. 깜짝 놀라 있는데 사장 아들이 물끄러미 이 언니를 계속 바라보았다. 왜 그러냐고 물으니 "떨어지기 전엔 몰랐는데 지금 떨어져 보니 그대를 내가 너무 사랑한다."라고 말하면서, 지금 사랑 병에 걸려 아프다고 했다. 성심껏 잘해 드린 것인데 이 언니가 다른 부서로 가고 나니 사무실이 너무 엉망이 되었고, 심지어 보조 직원은 게을렀다. 언니의 착실함과 공로가 드러나게 된 계기가 됐다. 드디어 서로 마음을 알게 됐지만, 그 시절에 어마어마한 반대가 있었다. 독자인 아들이 회사에서 위치도 강해져 이 언니가 파격적으로 대리로 승진하는 일도 있었다. 타고난 명철함과 성실함이 그녀가 승진하는 데 한몫했다. 회사에선 매일 언니 얘기를 안 하고 넘어간 적이 없을 정도로 롤 모델 사원이 되었다. 여전히 비밀인 것은 사장 아들과 그녀의 사랑이다. 아무튼 이렇게 만나고 난 후 갖은 반대를 이기고 결혼한 것은 둘이 만난 지 7년 만의 일이었다.

과거엔 이런 이야기가 가끔 있었다. 동네에선 개천에 용이 난 격이 되어서 가장 시집 잘 간 동네 언니가 되었다. 결혼 후 아주 예쁘진 않지만, 스타일이 단아했던 언니는 더욱 단아해 보이고 교양 있어 보였다. 여기서 시골 사람들이 모르는 사실이 하나 있다. 이 언니는 중학교만 나오고 서울 가서 사람 하나 잘 만나 출세했다고, 여자는 그저 시집을 잘 가야 한다고 내 앞에선 몇 배 크게 말들을 했다.

그거야 내가 시골 골짝에선 그 당시 대학까지 나왔는데 남편을 그저 그런 남자 만나서 그러는 거다. 하지만 언니가 부기 학원 다니고 또 회사에서도 남다른 노력과 성실성으로 승진했으며, 얼마나 순수하게 남편분을 사랑했는지를 마을 사람들은 몰랐지만 나는 알았다. 이 세상엔 거저 얻어지는 것은 많지 않다. 진심으로 위의 상사를 모셨고 최선을 다해 산 삶의 결과로 얻은 것이다. 나를 포함해 사람들은 시도도 안 해 보고 남의 행운을 시기하고 또는 아예 포기한다. 가령 적절한 예는 아니지만 복권도 안 사고 당첨된 사람을 부러워한다. 당첨되려면 일단 복권을 사는 행동이 선행되어야 하는데 귀찮거나 자존심 상해 안 사면서 당첨만을 말한다. 이렇듯 우리는 해 보지도 않고 남의 상황만 부러워한다. 이루고자 하면 시도해 보라. 이 말은 나 자신에게 하는 말이기도 하다. 이 말을 명심하며 건강을 원하니 실내 자전거라도 열심히 타 실천하려고 한다.

또한 2025년에는 시집과 수필집을 내기 위해 열심히 글도 쓸 것이다. 그리고 행동하는 사람으로 살고 싶다. "구하라 그러면 너희에게 주실 것이요 찾으라 그러면 찾을 것이요"란 성경 말씀처럼 일단 마음이 중요하고, 또 마음이 있으면 노력이 뒤따라야 한다.

보라색 열매 집을 가다

'보라색 열매' 집. 내가 만든 이름이다. 내가 제일 좋아하는 『빨간 머리 앤』 이야기 속 주인공 앤을 흉내 내어서 지은 이름이다. 머리 빨리 회전하는 사람은 그 집이 바로 블루베리 심은 집 이름이란 것을 알 수 있다.

오락가락하는 장마 속에서 무지개 뜨듯이, 오늘은 날이 하루 반짝 들었다. 늘 가 보고 싶었던 그 집엘 갔다. '보라색 열매' 집을 산 주인은 서울 사람으로, 퇴직 후 여주에 터를 잡았다. 식구들은 서울에 있고, 혼자서 블루베리 농사를 근 20년 동안 심어서 키우고 또한 열매를 딴다. 여주에 블루베리 농사를 널리 알린 장본인이라고 같이 간 친구가 말해 줬다. 체리도 잘 심어 열매까지 땄는데, 어느 날 일하러 온 주민이 체리 나무에서 떨어져 다치자 충격을 받고 체리 농사는 접었다고 한다. 수입이 나오기 시작한 체리 농사를 계속했다면 돈을 좀 벌었을 건데, 주인장 말이 사고 난 걸 보니 더 이상 그 농사를 못 하겠다고 했다. 주인장 마음이 몹시 인본주의적이고 여리단 느낌을 받았다.

산, 집. 자연에 대해 바라보는 기준을 나는 '빨간 머리 앤'이 살던 그 초록색 집과 비교한다. 어느 정도 깔끔한 유럽풍의 초원을 기대했었는데, 그분의 집은 가족들과 떨어져 혼자 농장을 가꾸다 보니 손길이 모자라 엉성했다. 농사짓는 사람이 되어 얼굴이 타고 그야말로 농사꾼 모습이었다. 하지만 왕년에 잘 나갔던 직장인이었다고 들었다. 약식으로 지은 집이지만 자연을 느끼기에는 충분한 집이었다.

환경이 사람을 변하게 한다. 아픈 사람은 아프게, 사기꾼은 사악하게. 그래서 40대 이후 얼굴은 자신이 책임져야 한다고들 한다. 얼굴이 검게 변한 주인이었지만, 마음만큼은 선해 보였다. 마음은 빌 게이츠보다 더 부자가 된 듯 너그러운 모습이다. 땅이 커서 거의 손을 못 대고 500평 정도와 텃밭을 가꾸는데, 손길이 모자라 밭 곳곳에 풀이 채소와 함께 자라고 있다. 쇠비름, 뽕잎, 산딸기 열매, 상추, 고추, 깻잎 등 먹는 채소와 그냥 풀이 뒤범벅된 상태다. 블루베리밭도 예외는 아니어서 풀과 함께 그냥 같이 공존하며 살고 있었다. 약을 안 주어서 좋은 먹거리긴 하나, 멋지게 꾸며진 집과 뜰과 블루베리를 연상하다 「나는 자연인이다」에 나와도 될 법한 잡초와 더불어 자연스레 사는 주인을 보았다. 솔직히 내가 상상한 것과 반대여서 놀랐다. 풀을 봐도 아무렇지 않은 주인을 보고 마음이 어지간히 좋은 관대한 사람이라고 생각했다. 우리 할아버지는 돌아가실 때까지 풀이 논과 밭에 없도록 미리 뽑는 근면한 농부였다. 아무튼 마음씨 좋은 이분이 성공한 농사는 바로 이 '보라색 열매'라고 한다. 다른 농사도 실패, 체리도 사람이 다쳐 중단. 내가 보기엔 식구들 모두 서울에 있고 혼자 나와 농사지으니, 실패라기보단 일손 부족이란 말이 맞다고 본다.

오는 길에 굽은 오이 3개를 받았다. 한데 볼품없던 이 오이의 맛이 기막혀서 나를 놀라게 했다. 역시 자연에서 있는 그대로 큰 채소 맛은 일품이다. 본래 양념을 묻혀서 먹으려다 물로 깨끗이 씻어 고추장에 찍어 먹었다. 오이 맛의 상큼함과 달콤함이 들어왔다. 자연 속에서 그대로 큰 채소가 진짜다. 아무튼 혼자 사는 농부의 농사법을 잘 구경하고 왔다.

바로 그다음 날 서울서 내려와 오두막 짓고 농사짓는 여자 권사님 집에 갔다. 여주 고을 산속 고불 길을 올라가 마지막에 멈춘 집. 그 집에 가니 주인은 없고 같이 간 지인과 나만 있었다. 여주 시내에 집을 두고 왔다 갔다 하면서 약 1,000평을 농사짓는데, 그것도 매우 힘들다고 한다. 아무튼 여자가 혼자 짓는데 넓지 않은 땅이어도 잡초도 별로 없고 먹는 채소들만이 있었지만 심심했다. 볼 재미도 없고 야생의 나물을 뜯을 것도 없었다. 여인이 매우 부지런하나 공연히 정 없고 인생의 재미를 모르는 사람처럼 여겨졌다. 어제 야생 나물을 실컷 보다가, 할 것도 볼 것도 없는 들판을 보자 공연히 짜증이 났다. 마트에서 보는 옥수수, 깻잎, 땅콩 등만 잡초 없는 땅 위에서 자라고 있었다. 시원한 여름 청량음료를 먹고 기분이 확 변하듯, 내

눈의 시각은 갑자기 변했다. 지난번 어느 농부의 풀 반, 채소 반 밭을 보다 보니 이 밭은 너무 재미없고 심심했다. 어느새 다시 오고 싶지 않은 밭이 되었다. 나도 이제 비로소 무언가를 깨달은 사람이 되어 그 여자분 농장을 떠났다.

사면이 산과 들판으로 둘러싸여 있어 마치 강원도 개방 안 된 시골 마을과 비슷한 분위기를 가졌던 보라색 열매 집. 혼자 가기엔 부담이 있고 그곳을 다시 한번 더 방문하리라 마음먹고 있다. 지난번 야생 밭에서 채취한 명아주, 쇠비름, 당귀, 뽕잎, 차조기 등 나중에 삶고 다듬어 반찬으로 만드니 아들이 한약방 음식이라고 한다. 명아주는 맛도 좋고 풍미가 아주 좋아서 놀랐다. 사실 말만 들었지 나도 처음 먹었다. 솔직히 시금치보다 맛있었다. 풀과 함께 자란 들나물과 집 채소가 어우러진 자연의 한마당이었다. 그 속에서 자란 들나물은 제 고유의 맛을 내고 있었다. 사실 자연 속에서 자라고 있는 모든 창조물은 우리가 발견 못 해서 그렇지 나름 큰 의미가 있다고 본다.

한번은 더 가 봐야겠다고 마음먹고 있던 차에, 가을이 그윽하게 익은 시월 중순 '보라색 열매' 집에 가게 되었다. 가을 모습이 봄 경치보다 더 그럴싸하게 어울렸다. 이유는 주인이 가을 모습이라 그런가. 이때 간 이유는 고구마잎과 순, 줄기가 남아 있어서 따러 간 것이다. 겉의 이유는 그렇고, 사실 내게 숨겨진 이유는 그곳 보라색 집의 가을 모습이 보고 싶어서다. 한데 봄 경치보다 은근히 가을이 어울리는 집이다. 나무 잎사귀는 누리끼리하게 물들고, 차츰 말라 가는 식물은 주인의 황혼 모습 같았다. 얼핏 보면 청춘이 아름다워 보이지만 깊이 들여다보면 황혼 나이의 사람에게서 배울 것도 많고, 가을의 익은 곡식이 알차듯 인간도 그런 모습을 하고 있다. 여자든 남자든 반평생의 인생을 돌고 나온 사람들과 얘기해 보면 웬만하면 삶의 깊이가 더해져 있음이 느껴진다.

'보라색 열매' 집의 블루베리즙을 음료로 내놓은 주인의 마음을 알고 한 컵 가득 마셨다. 그 집의 블루베리 맛은 평범했지만, 농도가 진하고 몸에 유익한 느낌이 들었다. 고구마잎과 줄기를 조금이지만 거두어 나오는데 마치 금덩이라도 얻은 느낌이다. 집으로 와 가을을 가득 맛보기 위해 몸에 좋단 고구마잎과 줄기를 질리도록 먹었다. 시골 전원의 자유 속에 맘껏 자란 채소와 야생 식물의 어우러짐이 참 좋은 것이라는 것을 다시 한번 느꼈다. 사실상 잡초란 것 중에 들나물이 많이 섞여 있다. 자연의 텃밭 속에 각종 채소, 잡초가 어울려 크면서도 너무도 자연스럽고 풍성한 저 들판처럼 각양각색의 사람도 이처럼 모두 잘 어울려 지냄이 가장 좋은 모습일 것이다.

어떤 마을 경로당

2023년 한 해의 끝자락이었다. 여주 점동면에 갔을 때, 청안리 마을을 우연히 지나치게 되었다. 그때 나와 동행하던 분은 사회 복지사로 복지에 관심이 많은 분이셨다. 마을 회관에 들려 이런저런 말을 나누고 싶다고 해서, 내가 오케이하는 바람에 그곳으로 얼떨결에 들어가게 된 일화다.

따스하게 맞이해 주는 할아버님. 할아버님은 바로 옆방에 할머님들 있다고 들어가 보라고 했다. 친절하셨던 그 분은 바로 마을 회관 안내자였다. 전혀 모르는 우리를 사심 없이 맞아 주심에 기쁘면서도 놀랐다. 생판 모르는 사람 반기기가 요즘 쉬운 일 아니지 않은가. 들어가니 할머니 20여 분이 옹기종이 모여 앉아 계셨다. 와우, 나도 마음속으로 올해부터는 경로당 노인 자격 되는데 하면서, 어르신분들을 유심히 쳐다보았다. 요즘 늙어 가니 어르신에 관하여 관심이 커졌다.

'우리 아파트 노인정과는 사뭇 다르네.' 하고 속으로 생각했다. 내 아파트가 특별한 건 아니고 이곳이 특별한 듯했다. 모든 할머니 표정이 편안하시고 행복해 보였다. 복지사분이 하는 말이 "어느 곳 가면 거의 환영 안 한다."라며, 하지만 이곳은 편안하고 기꺼이 모르는 사람들 얘기까지 들어 주셔서 고맙다고 했다. 따스한 커피까지 내오셨다. 복지사분과 나는 먹지 않던 커피를 그날은 마셨다. 내가 먹은 게 아니고 분위기가 삼킨 것이다. 얼마나 편하고 좋았으면 '더 나이 들면 이곳으로 이사 올까?'란 생각까지 확 들었다. 내 고향 Y시 시골자락에 이렇게 아기자기한 마을 회관이 다 있다니, 자랑스러웠다.

    이 생각은 지금도 변하지 않아 가끔 집을 팔고 이사 가서 그 할머니들 만나 '이런저런 이야기하면서, 고스톱 치며 살까?' 하는 상상까지 해 본다. 노인정 혹은 마을 회관을 다녀 볼 일이 가끔 있어 얘기를 나누다 보면, 역시 노인분들도 선거철이 되면 정치에 큰 관심을 두신다. 크게 2종류의 정당만을 아신다. 소위 보수와 진보. 느낌 상 어느 마을이나 양당 지지율이 비슷하다는 점이다. '노인은 보수다.'란 생각은 버리길. 복지사분이 말하길 어느 마을 회관 가서 노인분들이 보수 지지하는 줄 알고 보수 정당 위주로 말하다가 노인분들에 의해 크게 망신당했다 한다. 다음에 다시 오지도 말라고 하셨단다. 그러나 좋은 분위기를 가진 C 마을 경로당에서는 서로 다른 생각을 가진 타인들을 지지당 상관없이 밝은 웃음 지으면서 포용하고 함께 더불어 산다는 사실을 실천하고 있었다. 사실 우연히 들어갔던 마을에 우연히 선거철이 다가오니 정치 얘기가 그분들에 의해 나온 거다. 이 마을은 어르신들이 마음이 넓은 바다 같아 노인분들이 어찌나 친하게 지내던지 감명을 깊이 받았다. 웃으며 사시니 젊어 보이고 사랑스러웠다.

한 나라도 마찬가지다. 서로 나눠 싸우면서 아니면 국민 지지를 좀 더 많이 받은 당이 일당 독재하면서 나라를 지배하면 그보다 더 슬픈 일이 없다. 북한의 일당 독재랑 다를 게 없다는 걸 알아야 한다. 우물 안 개구리와도 다를 게 없다. 1개의 의견보단, 2개가 나을 수 있고, 2개보단 다수가 나을 수 있다. 우리는 서로의 의견을 존중하면서 또 서로를 인정하면서 발전할 때, 훨씬 더 사회가 평화롭게 발전한다는 걸 알아야 한다. 의견이 다양한 자유 민주주의 사회가 서로 싸우는 듯하지만, 일당 독재 나라보다 더 발전이 있는 것이다.

내가 사는 곳의 경로당을 가 본 적 있다. 작년부터 나도 대한민국이 정한 노인 나이니까. 가 보니 어느 말발 센 여자 어르신에 의해 경로당 분위기가 좌우됨을 느꼈다. 며칠 나가 분위기를 보니 의견이 같은 소수의 노인만, 그것도 정치색이 같은 어르신 몇 명만이 경로당에서 놀고 계셨다. 말로는 한 40여 명이 경로당에 나올 수 있는 나이란다. 이유는 간단했다. 한 노인이 소위 '말발' 세서 반대 의견 가진 자를 욕하고 미워해 발을 못 붙이게 하는 거란 생각이 들었다. 그러니 내가 사는 곳 노인정은 사람이 늘 열 명도 안 되고 분위기는 적막했다. 한 달에 한 번씩 방송을 통해 점심이 준비됐다고 나오라고 귀 아프게 방송하고, 심지어 노인 회장이 손수 전화까지 걸

건만 노인회 회원인데도 요즘은 참여를 안 하고 있다. 어찌어찌 나가 보면 좀 젊은 사람 의견은 무시되고, 서로 존중함 없이 생각이 일부 같은 분들만 뭉쳐 있었다. 이상한 분위기라 나가고 싶지 않다. 이 마을처럼 포용하고 다 같이 어우러져야 가지, 다르다는 이유로 배타적 분위기면 어찌 나가 어울리겠나.

나는 솔직히 웬만한 건 듣고 받아들이려는 자세로 두어 달 노력했다. 사실상 70·80대 노인보다야 햇병아리지만, 내가 다리에 힘이 없어 픽픽 쓰러지기에 힘들어 점심을 경로당에서 같이 먹어 보고자 겨우 걸어가서 식사에 참여한 것이 첫 번째 참여였다. 물론 법적으로 참여 나이가 됐고 회원비도 냈다. 분위기 보고 어찌저찌 내 아픈 상황에 대하여 사전 양해를 구하였다. 나의 약점은 다리 힘이 없어 잘 걷지를 못하고 조금만 건드려도 쓰러지는 병이다. 처음엔 이해하는 척해 주셔서 몇 끼 잘 먹었다. 하나 시간이 지나 못 도와주니 눈치가 보이고 은근히 눈치도 주셨다. 이러니 나가고 싶겠는가?

노인 상담사 1급 자격증도 있어, 나가서 그분들 말씀에 경청하고 대화도 나누고 할 요량으로 어르신분들과 함께했다가 실망만 하고 요즘엔 안 나간다. 친절하다고 그분들이 나를 수용하는 게 아니고 혹여 정치적 사상의 복종이나 같은 생각을 원하시는 것 같다. 한데 아직은 젊은 60대인 내가, 70~90대인 그들과 여러 가지 면에서 생각이 매우 다르지 않겠는가? 노인 상담사 1급까지 있는데 몇 안 되는 노인과도 소통의 문제를 못 풀고 그곳을 떠난 나의 한계에 대하여 좌절했다. 어르신 40여 명 중 10여 명도 안 모이니 반쪽짜리도 아닌 듯하다. 정치적 색깔에 따라 배척하지 않도록 서로 잘 어울리도록 내가 교육법을 단단히 익혀서 자신감 가지고 다시 한번 더 노력할 생각이다. 그 마을을 본받아 벤치마킹해서 서로 인정하고 포용적 마음을 기르는 법을 적용하기 위해, 이 마을에 다시 방문해서 내 아파트에 정 넘치는 경로당으로 만드는 것이 나의 버킷 리스트 중 하나다. 배타적 마음은 결국 퇴행의 역사를 반복할 것이다. 국가적으로도 배타적 마음은 안 좋다. 그 마을은 참으로 바람직한 마을이다. 따라서 상대방 마음도 읽어 주고, 자신이 틀리면 상대 이야기도 받아들이는 분위기 조성이 시급한 것 같다.

몇 년 전 상주 마을에 독극물 사건이 나더니, 요즘엔 얼마 전 봉화란 마을에서 또 4명이 독극물중독이란 보고가 나와 요즘 마을 사람 상대로 조사 중이란다. 공교롭게도 여러 번이나 그런 일이 일어난 곳이 정 많다는 시골 동네다. 이것을 보고 난 교육이 될지는 모르나 저들에게 타인에 대한 배려심이나 사랑의 마음을 실천하는 교육이 필요하다고 늘 생각했다. 인간에겐 나이 불문하고 평생 공부가 필요하다. 공부란 것이 학과가 아닌 인성 교육도 있다. 사실상 어른들은 먹고살기 어려운 세월 속에 악착같이 살며 고생하신 분들이지만, 사회 속에서 지내는 좋은 인성 및 행동에 대하여 교육을 받은 분들은 아니다. 교육받은 학생들이 매너가 좋은 것은 학교, 가정, 사회에서 교육을 받아 와서 자기도 모르게 생활 속에서 체득이 된 거다. 특히 한국인들이 전 세계에서 요즘 매너 좋다고 조명받고 있지 않은가. 그런데 그 대상이 거의 도시의 젊은이들 대상이란 거다. 아직 나이 80대 이상의 교육이 부족했던 시골 어르신들은 자기감정 조절을 적당히 잘 해내지 못하시고 고집이 세신 분이 의외로 많다. 오해는 마시라. 시골 사시는 분 중에 현명한 어르신도 당연히 있다.

 이제 나를 포함한 나이 든 어르신은 역발상의 행동이 필요하다. 가령 예를 들면 내가 먹고 싶지만, 타인을 위해 '이거 한번 먹어 보우. 몸에 좋대.'라고 권하고, 내 몸도 시원치 않지만, 타인을 위해 '다리가 얼마나 힘이 없겠어, 내가 들어 줄게 앉아 있어.' 등의 행위 말이다. 시대 흐름을 아는 것도 깨우치는 것이다. '애야, 가끔은 밥보다 빵으로 아침을 먹어도 된단다.', '아기 보기가 얼마나 힘든데 아범도 같이 돕도록 해라.' 등 먼저 역발상의 의견으로 시대에 맞춰 가는 노인들이 되어야 한다. 자기 생각만 옳다고 우기면서 싸우는 노인들은 경로당에 가 보니 의외로 많다. 이분들 힘들긴 해도 끝없는 교육을 통해 마음을 가다듬을 필요가 있다. 하루빨리 내가 건강이 나아져, 그들을 조금이라도 좋은 쪽으로 인도하고 싶다.

아흔넷의 노인

우리 아파트에서 94세 노인과 우연히 대화하게 되었다. 요즘 걷기 운동을 해야 해서 아파트 주변을 아침부터 돌고 있었다. 혹시라도 주변 환경에 관심 있는 분은 '저 여자는 맨날 나와 어슬렁거려.'라고 나를 이상히 여길 수도 있었을 것이다. 어느 날 주변을 산책하다가, 꾸부정한 할머니가 열심히 분리수거하고 휴지도 줍는 것을 보게 되었다.

"어르신, 연세가 어찌 되셔요?"

알고 보니 94세로 나의 아버지와 동갑이었다. 어르신은 그 연세에도 노인 일자리까지 참가해서 일하곤 했다. 놀라서 아프신 곳 없는지 여쭈었더니 "별로 없어."라고 했다.

와우, 부러워서 난 그분의 다리만 열심히 보았다. 바지 속 다리라 판단이 어려웠다. 그러던 어느 날 아파트 공원 의자에 앉아 계신 어르신을 보고, 옆으로 가서 인사를 나누었다. 그러면서 대화가 된 것이다. 건강하셔서 부럽다고 했다. 잠시 뒤 그분이 바지를 올려 다리를 보여 주는데, 오 마이 갓! 다리에 힘줄이 울퉁불퉁 있는 하지 정맥류였다. 그분은 약을 여섯 알 먹는다고 하시고 심장에는 스텐스를 세 개나 박았다고 했다. 놀라서 말이 안 나왔다. 그런데 일을 어떻게 그리 하는지 놀라울 뿐이다.

 나이 드셨지만 영광의 상처가 많은 분이었다. 아파도 삶을 향한 노력이 눈물겨운 분이다. 노인분들의 삶을 향한 무한 희생과 노력은 흉내 낼 수 없는 대한민국 어르신들의 발버둥이다. 지금 어느 정도 살게 되었음에도 여전히 움직이며 노력하시는 모습은 짠하면서도 숭고하다. 가만히 지켜보면 삶을 향한 어르신들의 노력은, 참견하기 어려운 눈물의 희생정신이다. 나 보고 많이 걸으라 하시며 걸음이 작년보다는 나아졌다고 칭찬했다. 나를 틈틈이 보셨다나. 부지런한 사람들은 안 보려고 해도 저절로 많이 보게 된다고 하니, 그 말도 맞다. 오늘도 열심히 걷는다. 건강하셔서 일을 아직도 하고 있다고 오해했는데, 아파도 인생 끝까지 노력하고 있는 그분들 앞에서 난 한없이 작은 존재다. 아프다고 약하다고 움츠렸던 내게 자극을 주셨다. 노력도 안 하는 인생은 할 말도 없기에 오늘도 열심히 살아가고 있으며, 팽개치고 밀쳐놓았던 시와 수필을 최선을 다해 쓰고 있다.

뜻밖의 반전

　내게는 같은 고등학교 1년 후배이자, 동료 교사였던 동갑내기 친구가 있다. 그녀는 손재주가 많고, 음식 솜씨 또한 뛰어났다. 사실상 교육 공무원이 같은 학교에서 만나기는 2번 정도는 있을 수 있으나, 3번을 만나긴 좀 힘들다. 내가 가장 힘들었던 이천중학교, 여주의 신설 세종중학교, 마지막으로 고등학교에서 이렇게 같은 학교에서 3번을 같이 근무한 한 특별한 친구다. 고등학교에서 내가 명퇴할 때까지 근무하게 되었는데 그 친구는 정이 많고 호불호가 분명했다. 그래서 정이 많고 친한 좋은 친구도 많은 반면에, 호불호가 분명해 주위에 다소 꺼리는 사람들도 있는 편이다. 바른 소리 잘하고 정의로우면 그 반대인 사람과는 알력이 있기 마련이다. 어디까지나 이건 내 의견이다.

　이 친구는 같이 늙어 가는, 좋아하는 고향 친구다. 이 친구와 난 전혀 공통점이라고는 겉으론 없어 보인다. 늘 머리를 올리고 치마를 주로 입었으며 단정한 몸차림에, 아버지가 교장 출신이고, 남편은 일류대 나온 수재다. 지금 남편은 고위직에서 명퇴했으며 똑똑한 딸

셋을 두었고, 가정적으론 유복하다고 생각되는 친구다. 반면에 난 바지를 주로 입고, 가정적으로도 내세울 것 없는 보통 아지매다. 그렇다고 숨길 이유도 없는 시골 출신의 뚝배기 같은 꾸밈이 없는 사람 정도.

하지만 늘 시골을 별로 좋아할 것 같지도 않은 그녀가, 10여 년 전에 정말 여주의 면단위에서도 굽이굽이 구석진 곳으로 들어가 인적 드문 곳에 심혈을 기울여 500여 평 대지 위에 이층집을 지었다. 한참 차를 타고 가 본 그곳은 공기도 좋고 몇몇 집밖에 없는 산 밑 집이었다. 터도 있어 채소 가꾸기도 좋을 듯했다. 경치 좋고 공기 좋지만, 도로는 1차선이라 차 운전이 미숙한 내게는 살기 어려운 곳이었다.

오히려 도시만 좋아할 것 같은 그녀인데, 텃밭 있는 집이라니 이 일은 반전의 반전이 아닌가? 집을 짓고 있다고 해서 도심에서 멀리 떨어지지 않은 줄 알았더니, 차 한 대 겨우 다닐 정도의 여유밖에 없는 산길로 가야 하는 곳이었다. 마주 오는 차가 있으면 피해 줄 길을 걱정해야 하는 그런 곳에 집을 지으리라곤 상상도 못 했었다. 물론 산 쪽이라 공기나 풍광은 매우 좋았다. 그녀가 시인이니 철철이 변하는 풍경 보면서 시를 쓰고, 봄이면 나물도 많이 할 수 있는 낭만적인 곳이기에 아마 더 어울릴 수도 있다.

사실 깡촌 시골 출신은 나다. 하지만 촌사람이라도 농사일을 잘 모른다. 시골 도시 처녀라 할 정도로 시골 일도 모른다. 이유는 시골 살아도 어려서부터 책 읽거나 실내 위주로 생활하였다. 내가 살던 시골은, 가스나 연탄으로 밥을 해 먹는 곳이 아니었고, 나무에 불을 지펴서 방을 데우고 그걸로 밥도 해 먹는 살기 힘든 구조였다. 몸이 약한 나는 그 일이 너무도 버거워 공부해서 직장 잡아 '도시에서 살아야지.'라고 어려서부터 생각했다. 도와줄 수 없어 시골 일을 안 배웠다. 하긴 그 시절 마을 친구 중 여자임에도 농사일을 잘하는 사람도 있었다. 물론 이런 고향도 급변하는 대한민국의 발전 속에 지금은 다 도시화되었고 도로는 잘 닦여 있다. 이렇듯 옛날 깡촌 출신은 나인데, 오히려 산 밑으로 집 짓고 들어와 살려는 사람은 그 친구라 첨엔 낯설었다. 더구나 도로 사정도 좋지 않은 편이지 않은가.

하지만, 이 친구는 농사일도 잘했다. 상추, 쑥갓, 기타 나물 등 못하는 게 없고 김치는 기본에 장 담그기까지 할 줄 알았다. 이런 친구와 내가 공통점이란 것이 하나도 없을 것 같았는데 의외로 모종의 공통점이 하나 있음을 발견했다. 겉으론 화려한 남편의 직업이지만 이리저리 전근해야 하는 남편의 공무원 직업으로 거의 홀로 애를 키웠다는 것, 그것이 공통점이면 공통점이다. 지금은 서로를 이해할 수 있는 정말 가장 가까운 친구가 된 느낌이다.

어느 날 그녀가 내게 푸념했다. 최근까지 직장 생활하면서 10년 넘게 시부모님을 모셨으나, 시댁 식구들은 감사할 줄 모르고 늘 불평하는 편이라고 했다. 그것뿐이랴. 집 지을 때도 이 친구가 갖은 고생 다했다. 설계 회사부터 집 짓는 일꾼 관리까지도 일하면서 다 참견해야 했다. 물론 남편은 직장이 집과 떨어져 있어서, 친구가 손수 집안일을 챙길 수밖에 없었다. 여북 학교 출퇴근할 때 지문을 찍는데 지문 인식이 안 됐다. 타인은 모르지만, 난 그 이유를 안다. 혼자 자식 키우고 고생하며 궂은일을 다해 온 그녀. 그녀의 손이 그녀의 인생을 말해 주고 있다는 것을 알 수 있다. 거기에 시부모도 그렇고, 친정 부모도 그녀가 많이 돌봐 드려야 할 정도로 그녀의 손길이 닿아야 했다. 정 많은 그 친구는 양쪽 부모님께도 책임을 다했다.

친정아버지는 소천하셨고, 어머니만 같은 고향의 아파트에서 생활했다. 나중에 시아주버님 댁으로 갔던 시엄마는 결국 얼마 안 있어 요양원에 모셔졌는데, 그 요양원 책임을 이 친구가 마지막까지 다하고 장례식까지 치러 드렸다. 친정 엄마도 요양원에 마지막으로 가셨는데, 요양원을 늘 왔다 갔다 하며 세심하게 돌본 사람은 이 친구였다. 이 세상에서 하나님이 있으시다면 책임과 봉사를 많이 하는 사람들껜 훗날 만사형통하도록 복을 주었으면 한다. 성경에도 나온다. 부모에게 잘하면 이 땅에서 장수하고 만사형통하리라 축복하고 있다. 앞으로 많은 축복이 있을 것이다.

우연히 메시지 교환을 하게 되었다, 암튼 산속에 지은 집의 봄이 아름다운지, 올해도 나물은 많이 했는지 놀러 오라는 메시지였다.

산 밑자락에 구름을 보고 시는 많이 썼는지, 그녀가 시인인지라 생활이 궁금했다. 시도 인생의 '희로애락'의 진한 국물과 고뇌에서 나오는 건지, 친구가 쓴 시는 곰삭은 곰국처럼 친근하고 정겹다. 어렵게 쓰는 시가 잘 쓰는 것 아니고, 겪은 정서를 곰국처럼 잘 우려서 편하게 쓰는 시가 잘 쓰는 거라면, 친구의 한국 정서가 담긴 시를 쉽고도 구수하게 풀어 내어서 읽는데 깊이가 있으면서도 부담 없어 좋다. 결국 2024년 냉이 나는 철 이른 봄에 친구 집에 가서 냉이를 캤다. 아직 몸이 회복 안 되어 앉아서 냉이를 캐기가 어려운 나와 비교해, 재빠르고 건강한 손놀림과 앉고 서고를 자유로이 하는 이 친구가 몹시 부러웠다.

이같이 고향에서 같이 늙어 갈 수 있는 친구가 있다는 것은 참 좋은 일이다. 퇴직한 지 어언 10여 년, 이런저런 친구가 다양하다. 속마음을 받아 주고 털어놓을 수 있는 친구가 있는가 하면, 같은 고향에 살아도 1년이고 2년이고 소식 한번 안 주는 친구도 있다. 퇴직 전 이따금 학교에서 억울한 일이나 말도 안 되는 일이 일어나면 나와 만나 털어놓으면서 식사도 하곤 했다. 요즈음도 어려운 일 있으면 만나 이 얘기 저 얘기 주고받는다. 나도 이 친구 앞에선 나의 가정사까지 얘기를 주고받는다. 물론 모든 것을 다 털어놓지는 못할지라도, 세상에서 어느 정도 가정사까지 털어놓고 대화할 친구가 있다는 것은 정말 행운이 아니겠는가?

내가 명퇴한 뒤에도 이 친구는 학교생활을 끝까지 하고 정년퇴직했다. 국어과를 전공한 이 친구는 문학에 열의가 있어 글 쓰는 요령을 가르치며 문인들을 길러 내는 일에 앞장서고 있다. 글을 좋아하는 나도 그 친구의 도움에 힘입어 열심히 글을 쓰고 있다. 문인 협회를 만들어 굴러가야 하는 데도 많은 형식과 노력이 필요한데, 그 모든 것을 감당하며 고생을 사서 하고 있다. 솔직히 말하면 가만있어도 편안히 여생을 보낼 수도 있는데 자기 돈까지 들여 가며 문인 협회를 꾸려 나가고 있다. 곱게 입은 슈트발 속에 그녀는 귀부인인데, 늘 궂은일까지 마다치 않고 하는 모습은 인생의 반전 모습을 보여 주는 것 같다. 우리말 우리글을 아낀다는 이유로 모든 어려움을 걸머쥐고 있는 친구를 볼 때 안쓰럽고 많이 도와주지 못해 마음이 짠하다. 이 문인 협회가 승승장구하기를 늘 기도한다.

시각의 오류

늘 한강 옆 산책로를 걷다가 마주치는 부부 같은 사람이 있다. 오늘도 물론 두 분이 함께 있긴 한데, 다른 날과 달리 휠체어는 팽개치고 할머니가 할아버지의 부축을 받으며 걷고 있다. 오호, 걸을 수가 있다니! 그분들 옆을 스치며 지나다가 말을 걸 기회를 엿봤다. 하지만 지나가다 불쑥 대화할 수는 없어 포기하고, 두어 시간 강변을 한 바퀴 돌고 오는 길에 보니, 그분들은 걷다가 쉬기 위해 벤치에 앉아 계셨다.

드디어 쉬는 척 벤치에 앉으며 인사를 했다.

"안녕하세요? 두 분이 부부신가 봐요? 늘 같이 식사도 하시고, 같이 있으셔서 보기 좋아요."

"네, 부부입니다."

그분들이 응답했다.

'와우, 내가 며칠 전 무슨 관계라고 생각한 거지?'라고 혼잣말을 중얼거렸다. 남편은 81세, 부인은 73세인데, 그 마누라가 중풍이라 왼쪽을 못 쓴다고 했다. 겉으론 관절인 줄 알았는데, 아, 시각의 오류여!

늘 산책길에서 눈에 뜨이던 할아버지의 자상함과 대화하는 모습을 보고 행복해 보여, 그들을 친구 사이 또는 애인 사이로 오해 아닌 오해를 한 거다. 미안한 생각이 들었다. '그러면 그렇지. 남인데 친구 아니라 하나님이라도 마누라 아니면 그렇게 수고를 해 줄 사람 누가 있을까?'라고 속으로 생각했다. 살아온 정이 있으니 그래도 마누라에게 최선을 다하고 있음을 알았다.

할아버지와 할머니 두 분이 한목소리를 내셨다.
"늙어 죽을 때 되니 서로 우리뿐이야. 다 필요 없어."
정말 그날 두 분이 서로 의지해 대화 나누고 앉아 음식을 먹는 모습에서 '인생 뭐 별거 있나. 서로 의지해 백년해로하면 최고지.'라는 생각이 많이 들었다.

철 이른 봄 냉이

'까톡, 까톡', 누군가 메시지를 보내서 하루가 심심치는 않다. 요즘 차 운전하면 내비게이터에서 예쁜 여자 목소리 혹은 멋진 남자 목소리로 방송이 나와 심심치 않다고 하는 사람도 있다. 하루 종일 집에 혼자 있어도 누군가로부터 보내 오는 카톡 메시지 덕에 외로운 줄 모를 정도다.

오후 예배를 마치고 교회에서 나오려는 순간 핸드폰을 여니 동료 교사였던 국어 선생님 메시지가 와 있었다.

"예배 끝나셨어요? 김치를 땅에서 파냈는데. 혹시 필요하면 김치통 두 개 가지고 오세요. 백김치랑 배추김치예요. 아들한테 가자고 해 보세요."

듣던 중 반가운 마음에 냉큼 '알았어요.' 하려다가 갑자기 내가 거기까지 차를 운전해 갈 수 있을지라는 의문점이 생겼다. 그 친구이자 동료였던 선생님은 약간 높은 지대인 산 밑에 집을 새로 지어 살고 있어서 차 올라가는 길이 구불구불한 1차선뿐인 길이었다. 마주치면 피할 수 없는 외길이라서 난 잠시 생각하다가 "샘, 내가 운전을 잘 못해서 내일 사무실 나올 때 가져 나오면 안 돼요?" 하고 물었다. 그러지 말고 나 보고 동네 큰 주차장까지만 오란다. 그래서 오후 3시 경에 떠나 20여 분을 달려서 친구 집 마을 주차장까지 가게 되었다.

주차장에는 그녀가 아줌마들이 입는 펑퍼짐한 옷을 입고 서 있었다. 그리고 보니 세월이 많이 흘러갔다는 안쓰러움이 느껴졌다. 젊을 때 같은 교단에서 봤던 그녀, 그때 20대 시절의 그녀는 꽃답고 예뻤다. 머리는 안 세고 까만 채로 있지만 얼굴에 진 주름과, 닳아진 손금과, 거칠어진 손마디가 그녀가 애쓰고 살아온 세월을 말해 주고 있었다. 타인이 바라보는 내 모습도 그렇겠지. 나를 아는 혹자들은 내 얼굴이 아주 팽팽하고 주름 지지 않았다고, 안 아픈 사람 같다고 한다. 하지만 굽어진 어깨와, 시원찮은 걸음걸이와, 허연 머리가 노인이 돼 가고 있음을 확연히 말해 주고 있었다.

그렇게 만나서 그녀의 차를 타고 올라가기 시작한 구불구불한 외길은 그 집을 지은 지 10년이 넘도록 변함이 없다. 골짜기 주위에 집 수만 많아졌다. 하지만 길은 오히려 처음보다 낡고 좁아 웬일인지 길만 잔뜩 나이가 들어 있는 느낌이 들었다. 사람과 함께 길도 늙어 가는 소도시 외곽의 산골 마을이라고 하는 것이 딱 맞을 것이다.

그녀가 따스한 봄이 되어 냉이가 잔뜩 나오기 시작했다고 하던 것과는 다르게 냉이는 작았다. 한 주 정도 더 자라야 하는 어린 냉이,

아직 봄이 덜 온 것이다. 아쉬운 대로 시골 출신답게 나와 그녀가 여기저기 갓 자란 냉이를 주워 모아서 보니 한 끼 국은 끓일 수 있을 것 같았다. 아마 3월 중순이 멀지 않았으니 곧 냉이 철은 올 것이다. 아무튼 2025년 올해의 공식적인 봄나물 테이프는 이른 봄 3월 중순을 들어서기 전쯤이 공식적으로 기록된 날이다. 봄만 되면 나의 봄나물 병이 도진다.

냉이 캐면서 하는 여러 얘기 중에는 정치 얘기와 문학 얘기가 주로 차지한다. 실상 그녀는 국문학을 하여 시, 수필 등 문학에 대하여 우리 문학을 사랑하는 사람들께 많은 도움을 주고 있다. 그녀는 국문학에 대한 열정으로 문학 교실을 열어서 지역 사회에 무료 봉사를 하고 있다. 나도 역시 작년 한 해 수필, 시 공부로 여러 가지 면에서 글을 쓰는 조건이나 요령, 현 문학의 흐름이나 추세 등을 배울 수 있었다. 정치 얘기는 견해가 다르며 선거의 지지자가 다른 거니까. 어느 정도 선에서 얘기를 마무리하고, 늙어 가니 건강 문제를 어느 정도 공유하면서 헤어진다. 헤어질 때 생각보다 많은 묵은지를 싸 주는데 너무나 고마웠다. 마치 같은 나이지만 언니 같은 느낌이다. 고향의 전직 동료가 있어서 너무 좋다. 간단한 얘기지만 답답했던 마음도 이야기함으로써 해결이 된다. 특히 나물하면서 하는 얘기는 나물하는 재미의 중요 부분을 차지한다.

약 5년 전에도 내가 병원 진찰을 받은 후 몸이 완전히 다 회복되기 전 이 친구의 집을 방문한 적이 있다. 이때도 초봄이었고 이 친구가 냉이를 캐서 주었다. 그 이후 기운을 차리고 다닌다. 오늘 만나서 그녀와 함께한 초봄은 역시 어린 냉이로 시작되었고, 마지막에 냉이를 작은 비닐봉지에 싸 주면서 끝을 맺었다. 친구야, 냉이국 잘 해서 먹을게. 친구야, 고맙다.

고양이 밥 주는 여자

고양이 밥을 열심히 주는 이웃 아줌마. 늘 같은 얄팍한 검은 누비 잠바에 널찍한 아줌마 바지를 입고 있다. 몸은 빼빼 마르고, 한국 사람이 일컫는 벙거지를 눌러쓰고 있다. 동물이 가여워 밥을 주는 마음이 아주 여리신 천사 같은 분. 이분이 첨엔 말도 없고 우울해 보여서, 동물에게 먹이 주며 무거운 생각에서 벗어나 봉사하며 조용히 살고 싶은 분 정도로만 인식하였다. 그런데 하루이틀도 아니고 동물 사랑 없이 이런 일을 할 수 있겠는가?

솔직히 내 경우는 주위에 있는 사람들, 부모, 자식, 손주들에게 신경 쓰느라고 아직 동물 사랑까지는 못 했다. 오히려 몽글몽글한 동물의 촉감이 썩 좋지 않아 성인 되도록 잘 만지질 못했다. 그러나 거두절미하고 강아지, 고양이가 어릴 때보다는 조금 이뻐 보이기는 한다. 하지만 난 집에서 기르는 것은 돈 받고도 못 할 체질을 탔다. 잠시 보는 것이야 문제가 안 되지만 30분 이상 동물과 같이 있으면 숨을 못 쉰다. 그래서 동물 기르면서 여생을 보내거나 봉사하시는 분들을 보면 일단 내가 못 하는 일이라 존경스럽긴 하다.

그러나 내가 아는 고양이 밥 주는 여자는 우울해 보이고 약해 보였다. 먹을 것을 매일 만들어 끌개에 싣고 강가까지 나가, 하루도 거르지 않고 그 일을 하고 있다.

"올해로 몇 년째 이 봉사를 하고 계시죠?" 하고 물으니 "6년이요." 라고 했다.

"말이 6년이지, 명절 휴일도 없이 하실 것 아닙니까."

"네, 그래요. 내가 오기를 말도 못 하는 아기들이 기다리고 있는걸요."

솔직히 놀랐다. 명절이면 친인척들이 오가는 시간인데 그 시간마저 동물을 위해 손길을 주다니, 솔직히 내 상식으론 이해가 안 갔다.

아파트 저 멀리 통통한 고양이가 있었는데, 달려오더니 이 아줌마 옆에서 꼬리를 흔들었다.

"그래그래, 잘 있었어?" 하더니 고양이가 뒤뚱거리며 아파트 저편으로 앞장서 갔다. 살이 쪄서 고양이 엉덩이가 실룩실룩거렸다. 아줌마가 빠른 걸음으로 따라나섰고, 나도 따라갔다. 저 멀리 고양이 집이 보였다.

"어머나, 누가 바람막이 집을 다 만들어 줬네." 하고 신기해 소리치니, "누구긴 누구. 바로 나지." 하며 이웃 아줌마가 웃으셨다. 한데 자세히 보니 똑같이 생긴 또 다른 고양이가 나와서 음식 먹을 준비를 했다. 서두르지도 않고 아줌마가 줄 때까지 조용히 있었다.

"고양이가 똑같이 생겼네요." 했더니, 약간 덩치 있는 통통이를 가리키며, "이 고양이가 새끼 고양이. 이쪽이 엄마 고양이."라고 했다.

정성껏 냥냥이 밥그릇을 사람 밥그릇처럼 닦으시더니, 거기에 고기 섞은 고급 식사를 담았다.

"너희가 나보다 더 잘 먹네." 아줌마가 흐뭇해하면서 말했다. 그 말이 맞은 듯 아줌마의 몸이 바짝 말라 있었다. 언젠가 같은 아파트에 살아서 나이를 물은 적이 있었다. 그때 나와 동갑인 걸 알았다. 어쩌다 대화 끝에 딸자식이 외국에 가 있다는 것을 알았다. 아, 이제야 왜 이분이 그렇게 쓸쓸해 보였는지 이해되었다. 바꾸어 말하면 늘 보이던 자식이 거의 영원히 볼 수 없게 되었다. 그 허탈감은 말도 못 할 것 같다. 더구나 늘 싸우면서 잘해 주지도 못한 딸이라고 한다. 아들은 한국에 있어 가끔 아줌마 집에 온 것을 보았다. 남편이 있어도 채워지지 않을 우울감이 있다고 한다. 더구나 자식하고 약간의 안 좋은 감정으로 헤어진 거라면 씻을 수 없는 아픔과 슬픔이 있을 것이다. 남의 일이어도 생각만 해도 눈물이 난다. 아줌마가 그 허허로운 시간을 달래기 위해 한 마리도 아닌 수십 마리의 먹이를 주며 다니는 슬픈 발길을 난 너무도 이해가 간다.

"돈이 많이 들 텐데, 이렇게 고기반찬 해 주면."

"네, 돈 한 달에 100만 원 들어요. 나는 못 먹어도 얘네들은 먹어야 내가 잠을 자요."

이 아줌마는 수많은 고양이가 딸 같아 보여 안 주곤 견디지 못하는 것이다. 그것도 한국에서 같이 살 때 충분히 못 해 줬던 딸이라서.

반려동물 기르는 분이나 돌보는 분들의 입장이 다 똑같지는 않지만, 대개 외로움에서 정을 붙이고 살아가는 것이리라. 동물을 너무 받들어 제1인자로 키우면 자기가 제1인 줄 알고 나대니, 반드시 위계질서를 꼭 세워 줘야 한다고 말했다. 그래야 부부가 아이를 낳을 때 개도 아기를 사랑할 수도 있고, 주인의 명령 아니면 절대로 다른 사람을 물지 않는다고 한다. 반려동물을 기르려면 주인의 올바른 자세가 중요하다고 입을 모은다. 집에서 여러 사람과 같이 살려면 개도 훈련을 제대로 받아 개 본연의 의무인 충성심이 있어야 하고, 사람도 사랑을 줘서 상호 조화로운 관계로 발전시켜야 올바른 인간과 동물의 질서가 서게 될 것이다.

내가 이웃 아줌마를 자주는 못 보지만, 너무 고생하기에, 가끔 만나면, "이제 휴일만이라도 쉬세요. 아줌마가 너무 몸이 말랐어요." 하면 아직도 대답을 이렇게 하신다.

"나도 그러려고 애써 봤어요. 한데 안 돼요. 굶고 있는 애들 생각하면 도저히 참을 수가 없어서 다시 튀어나와 주게 되는 걸 어찌합니까? 그냥 마음 편히 주고 내 마음 편한 것이 낫지요."

사실대로 말하면 반려동물이 아니다. 야생으로 나도는 동물을 위해 먹이를 주는 야생동물들의 엄마다. 그래도 그분은 식구들이나 타인에게 피해를 주는 행동은 아니니까, 동물 돌보는 따스한 마음까지야 비판할 필요는 없을 것이다. 사실상 아름다운 마음 아닌가! 모쪼록 건강히 사랑하는 고양이들의 사랑을 받으며 건강하길 기원한다.

고향 전철 시승식

2004년경 유행했던 전인권의 「걱정말아요, 그대」란 노래에서, 많은 사람이 기억하는 가사가 있다. 지나간 건 지나간 대로 의미가 있다는. 오늘따라 그 가사가 유독 머릿속에 맴돈다.

여주에 전철이 생기고 난 후 8년 동안 한 번도 타 본 적 없던 전철을 드디어 탔다. 마음이 설렜다. 여주가 출발역이라 앉아서 갈 수 있어 다리가 불편한 내게 퍽 다행스러운 일이었다. 의외로 전철을 이용하는 사람이 많아 한국철도공사가 쉽게 망하진 않겠다고 생각했다.

문득 수십 년 전 탔던 서울 지하철이 생각났다. 그때는 인간 북새통에 소매치기가 들끓어 가방을 앞으로 하고 온 신경을 써야 했다. 그런데 오늘 전철을 타 보니 너무 달라진 풍경에 놀라고 말았다. 전혀 예상 밖의 모습이었다. 노인에서 젊은이들까지 거의 모든 사람이 심지어 서서 가는 사람들도 다리로만 균형을 잡은 채 핸드폰에 머리통을 들이밀고 있었으니…. 사람에 관심이 없고 기계에 집중하고 있는 정 없고 삭막한 모습에 마음이 씁쓸했다.

그 시절에는 어느 역에서 누가 타고 내리는지, 어디 역쯤에 선남 선녀가 사는지를 알 정도였다. 서로 인사를 주거니 받거니 하고, 자리를 양보하기도 하다가 상황이 진전되어 결혼에 이르는 사례도 가끔 있었다. 쏟아져 들어오는 사람들 속에 소매치기가 타서 "소매치기 있다, 잡아라."라고 소리치면 냅다 도망치곤 하던 꼬질꼬질한 젊은 청년. 오히려 동정이 생길 정도였다. 이렇게 살아가는 소리로 가득 찼던 모습은 다 어디로 갔는가? 그 흔하던 소매치기 배들은 다 어디로 숨었는가? 그 모습 대신 사람의 모습을 비추는 CCTV가 공간을 차지하고 있다. 서로 바라보는 법도 없이 말없이 앉아 핸드폰만 주시하고 있다.

이제 삶의 한가운데서 치열하게 울고 웃고 부대끼던 모습은 핸드폰이란 기계에 자리를 내주었다. 21세기를 살아가는 여주 전철 모습은 멋대가리 없는 통행의 시대만을 나타낼 뿐이었다. 그리고 이 모습이 오늘날 대한민국의 모습이기도 한 것이다. 5월의 태양 아래 유독 빛나는 차장 밖 나뭇잎들만이 태고의 아름다움을 간직한 채 이 세상과 대조를 이루었다. 동남아에서 온 서너 명의 청년들이 전철 안에서 주고받는 말들이 정적을 깨고 있었다. 비록 나이 든 한국 아줌마지만 외국인을 향해 빙긋이 웃어 주었다. 그들도 답례로 웃어 주며 신기한 듯 나를 바라보았다.

오늘 탄 전철을 다시는 타지 않겠다고 스스로 다짐한다. 이유는 기계가 대신한 삭막한 전철이 설렘을 주지 않았기 때문이다. 그러다 며칠 전 중국집에서 짜장과 짬뽕을 먹고 휴대폰으로 집에 앉아서 계좌 이체를 하던 생각이 나, 나는 피식 웃고 말았다. 요즘은 나이 든 사람들까지 기꺼이 현대 문명을 적극 이용하면서 살고 있지 않은가? 그러면서도 옛날을 그리워하는 상반된 모습을 하고 있다. 현대의 기계화와 산업화에 길들여진 젊은이들에겐 지금의 세계가 어찌 보면 당연할 것이다. 그들은 지금이 옛 시대보다도 더 나은 세상으로 간주할 것이다. 미래학자들이 미래의 세계를 어떻게 예언하고 있는지는 정확히 모른다. 하지만 세상은 서서히 든 급격히든 변하고 있다. 그러한 세상에 노인 세대들도 같이 어우러져 있는 것이다. 과거 향수에 젖고 싶거나 멋진 풍경이 그리울 땐 자기 차를 타고 길따라 마음 따라 자유롭게 다니면 된다. '목적지에 빨리 가고프면 전철을 타면 되는 것이다.'라고 전철 안 타려던 내 마음을 고쳐먹었다.

「걱정말아요, 그대」의 노랫말이 그나마 나같이 놀란 할머니를 위로해 준다. 세상을 긍정적으로 받아들이고 살란다. 기대에 가득 찼던 8년 만의 고향 전철 타기는 문화적 충격 속에 막을 내렸다.

어떤 사랑

무더운 여름, 뚱뚱하고 늙은 여인의 머리를 빗겨 주고 있다. 남자는 호리호리하고 젊어 보여서, 허연 머리를 한 여인은 아마 누님쯤 돼 보인다. 아니 그 노인분의 아들이런가. 그분들을 지나쳐 세워 둔 내 차를 타려다 궁금증이 발동하면 잠도 못 자는 성격인지라 결국 차 문을 닫고 그분들께 다가갔다. 지인 집에 갔다 오다 보면 늘 1층 주차장 한편에 테이블 한 개와 책걸상을 놓고 여러 사람이 앉아 있었다.

오늘은 남녀 둘이 있는데 남자가 여자 머리를 빗겨 주면서 서로 웃고 있다. 나는 다가서며 "와, 요즘 세상에 부모 모시기는커녕 같이 사는 것도 싫어하는 마당에 머리 빗질까지 해주시니 참 자상하시네요."라고 말했다. 그랬더니 남정네가 빙글빙글 웃으면서 '마누라'라고 하는 것이 아닌가. 처음엔 그냥 웃자고 하는 말인 줄 알았다. 그렇게 말하시는 얼굴이 힘들어서 화가 나 있는 게 아니고 웃음까지 지으시니 다행스러웠다. 알고 보니 치매 4급이어서 약을 먹고 있는데 가끔 정신이 돌아오기도 하는 왔다 갔다 단계란다. 비가 오면 더

하다고 말해서, 치매 노인들에 대하여 아는 바가 있어 고개를 끄덕였다. 그러나 아내라고 머리 빗질까지 해 주며 이렇게 행복한 표정으로 돌보는 사람 몇이나 될까. 나이를 물어보니 둘 다 73세란다. 여자분은 겉으로 팔십 중반은 돼 보이고 남자는 육십 후반쯤 돼 보이니 외모상 부부로 안 보였다.

지인 집 1층이 주차장인데 늘 그 테이블 주위에 몇 사람이 모여 있어서, 평소 나는 그 건물 사람들 마음도 넓다고 생각해 오던 참이다. 요즘 누가 주차장을 내주려 하겠는가? 갈 때마다 그곳에 서너 명씩 앉아 막걸리도 마시고 무언가를 먹기에 아는 사람들이 더우니 나와서 서로 잡담하고 노는 줄 알았다. 그런데 알고 보니 치매 마누라 지키기 위해 옆에 남정네가 지키려고 같이 앉아 있으면, 같은 건물 내의 아는 사람들이 무언가 먹을거리를 사 와서 정담을 나누며 먹고 있던 거였다. 그 돌보는 남자의 외모는 날씬하고 젊어 보여 외견상으로 참고 인내하며 마누라 돌볼 사람 같지 않아 놀란 건 사실이다. 사람의 겉모습으로 무언가를 판단하려는 세상 이치는 잘못된 점이 많음을 다시 한번 느꼈다. 그 건물은 소위 기초생활수급자를 위해 나라에서 지원해 주는 방 한 칸짜리 오피스텔이었다. 그런데도 그들 부부가 그리 정다워 보여 좋았고, 이웃도 이해하고 격려해 주니 사라져 가는 한국의 정이 남아 있어 보여 마음이 뿌듯했다.

아픈 마누라를 손수 돌보는 사람이 몇이나 될지. 치매라면 요양 시설에 보내기 일쑤이다. 아니면 집 안에 가둬 놓거나, 최악의 경우는 나가 바람피고 돌아다니는 사람들 이야기도 심심치 않게 들렸다. 난 마지막으로 물었다.

"이렇게 치매 아내 돌보시고 생업도 포기하시는 지경인데 국가 보조 있나요?"

"없습니다. 치매 4기라 약만 보조받아요. 3급 이상 돼야지만 제대로 보상하고 있지요."

멀쩡하다가도 돌발 상황이 발생하기에 매우 힘들다고 했다. 당연히 힘드시겠지. 그분 말씀이 전적으로 맞는지 모르나, 한국은 요즘 장기요양부담금까지 전 국민에게 받으며 노인 복지에 힘을 쓰고 있는 건 사실이다.

2006년쯤 어느 TV 프로에서 치매 걸린 아내를 대형 트럭에 싣고 다니면서 수발 드는 아저씨를 보았다. 물론 집에서 돌볼 사람이 없어서다. 대형 트럭 안에 아내가 누울 자리 한 곳 정도 만들어 아내를 돌보고, 생계를 위해 트럭도 운전해야 했다. 아내가 몸도 불편해서 앉아 있는 수준이고 잘 걷지도 못했다. 저녁에 집 들어가면 아내를 목욕시키고 먹이고 재우고 또 아기처럼 다루는데 보는 사람도 눈물겨웠다. 놀라운 건 점차 나아져 나중에는 아내가 식사를 제 손으로까지 할 수 있게 되었다. 물론 움직임을 자유로이 한 건 아니지만. 진행자가 즐거워하며 마누라 돌보는 그를 보고 안 힘드냐고 물으니, 아내가 비록 치매라 잘 모르고 돌봐야 하지만 아내가 있어 외롭지 않다고 했다. 오래오래 살았으면 한다고 아주 해맑게 웃으며 대답하는 남편을 보고 어찌나 그날 밤 울었는지 모른다.

트럭을 모는 어느 가난한 운전사 이야기지만 사랑만큼은 명품 사랑이기에 감동적 이야기가 될 만했다. 그의 아내는 자식도 이웃도 아무도 기억 못 하는 중증 치매에도 오직 한 사람만을 기억하는데 그 사람이 남편이었다. 병중에도 그 사랑하는 마음은 둘 다 지극했다. 서로 부르는 호칭도 사랑이 뚝뚝 묻어나게 불러 주며 남편이 위하는 걸 보았다. 비록 아픔 속 극한 환경에서 일하며 아내를 돌보았지만, 그 사랑이 한없이 부러웠다. 오늘 주차장 부부를 보니 눈물을 흘렸던 그때의 기억이 되살아났다.

요즘 서로 의지하며 사는 아픈 부부 모습들이 눈에 띄기도 하지만, 아파도 언제나 꾸준히 정성껏 지켜 주는 남자나 여자가 솔직히 얼마나 될지 의문이다. 자식, 부부, 부모가 아파도 돌보거나 모실 사람은 드물다. 사실 잉꼬부부처럼 살았던 친정아버지도 엄마 아파서 병원 간 뒤로 냉담해지셨다. 이해될 듯 말 듯 그 당시는 놀라기도 하고 갑작스럽게 냉담해지신 모습이 낯설었다. 엄마는 입원하여 나으러 가셨다가 병원 생활 3개월 만에 유명을 달리하셨다. 마지막으로 세상 한번 구경하자고 그리 애원하셨던 어머니가 돌아가신 후 나는 아버지에게 물었다. 왜 엄마의 청을 거절하셨냐고. 아버지는 그때 연세 84로 다리가 아파 나와도 엄마를 돌볼 수 없었고 자식들은 생업이 있어 청을 들어주기 힘들었다고 하셨다. 난 그 당시는 이해가 잘 안됐다. 아버지의 냉정한 모습이 사실은 평범한, 보통 사람들의 모습이란 것을 지금은 이해한다.

치매나 중병에서 돌볼 수 있는 보통 사람의 한계는 5년 이하란 말도 있다. 아까 예로 들은 5년이나 트럭 아저씨는 특별한 인내심, 책임감, 사랑의 마음을 타고난 인성 상위 10퍼센트 안에 드는 사람이지, 우리 보통 사람은 지위고하 재산을 불문하고 실천하기 어려운 덕목으로 여겨진다. 우리가 머리로는 다 아나 막상 닥치면 못 하는 이유다.

사회 시설이 잘돼 있어 보통 사람이나 보통 이하의 사람도 모두 국가의 도움을 어느 정도 받을 수 있어서 다행이다. 그러니 아플 때 자식이 못 모신다고 욕하지 마라. 부인이 아파 병원에 보낸다고 욕할 필요 없을 것이다. 그 모습이 내 모습이니까. 결국 잠시야 간호의 일을 할 수 있을지언정 길게 하기는 어려운 거다. 하지만 몸소 실천하는 지극한 순애보나 효성 이야기를 들으면 내가 할 수 없기에 고개가 숙어지고 인성이 부러워진다.

이와 같이 극한 상황과 어려움 속에서 배우자나 부모를 잘 돌보는 것은 아무나 실천하기 어려운 최고난도의 심성이 필요하다. 세상엔 착하고 책임감 있는 남자도 존재하고, 그냥 내 몸이 우선이야 하면서 자신의 건강에 더 충실한 사람도 있는 것이다. 치매인데 일하는 가운데서도 제 몸처럼 실천하는 이런 사람들은 보통 이상의 심성을 가진 축복받은 사람들이다. 그래서 이런 분들은 지상에 살면서 두 배의 축복을 받고 만사형통 일이 잘 풀리기를 오늘도 기도해 본다.

봄나물 전쟁

'누구시지?' 하고 곰곰이 생각해 보았다. 일상이 지루해 여주세종 문인협회 사무실에 나왔다. 그런데 낯선 손님이 먼저 와 있었다. 아, 그러고 보니 오래전 귀촌하여 전원생활을 즐기는 연배 시인이었다. 간식거리로 가지고 간 빵을 점심 삼아 먹으며 정담을 나눴다. 자연과 건강 얘기를 하다가 요즘 산나물이 나오기 시작해 앞 뒷산에 깔렸다는 정보에 귀가 솔깃했다. 봄나물을 당장 뜯으러 가자는 말에 자리를 털고 모두 일어섰다.

차로 20여 분간 지나 도착한 마을은 눈에 많이 익었다. 데자뷔는 아닌 것 같고 기억을 더듬으니 드라이브 삼아 가끔 지나던 마을 자락이었다. 아담한 크기, 깨끗하게 정돈된 집에 들어서는 순간, 아늑한 집 분위기에 홀딱 취하고 말았다. 정말 집주인의 손 맵시와 멋과 향취가 느껴지는 예술혼이 깃든 집이랄까. 정원사가 잘 가꾼 것이 아니고 그냥 자연스럽게 예쁘다. 봄꽃들, 나무들, 그리고 야외 테이블 등이 함께 어우러져 있는 수수하지만 정겨운 마당. 덩치 큰 철쭉은 집 바로 앞에서 꽃을 피웠고, 빨리 폈던 진달래 꽃은 옆에서 져 가고 있었다. 이름 모를 잔잔한 꽃들과 내가 아는 튤립, 새잎 나온 오가피, 봉우리 맺기 시작한 함박꽃 무더기가 어우러진 마당. 그 바닥에 줄 맞추어 듬성듬성 깔아 놓은 붉은 타일 색도 그윽한 봄 내음과 정겨움을 나타나고 있었다. 소녀 같은 주인 마음이 그대로 나타난 마당 있는 집의 풍경이었다. 정원 있는 집에 정신이 팔려 한동안 감탄과 부러움을 늘어놓다가 나물은 안 뜯을 거냐는 소리에 장갑을 받아 손에 끼었다.

주인장이 내주는 간편한 옷과 모자 장갑까지 중무장하고 포장도로를 따라 20여 분 걸어 올라갔다. 가는 길에 도랑도 건너고 비닐하우스도 지나고…. 코로나 때 크게 아파 병원 신세를 졌던 내겐 그 오르막길이 그야말로 고난의 행군이었다. 앞서가는 또래의 두 분은 끄떡없이 잘 가고 있었다. 중간중간 나는 소리를 질렀다.

"다 와 가요?" 그러면 발걸음을 멈추고, "네, 조금만 더 가면 돼요."라는 그분들 대답이 천연덕스러웠다. 조금만, 조금만 하면서 자꾸 올라가니 말이다. 약이 오르고 오기도 슬슬 올라와 끝까지 가서 산나물을 하리라 굳게 결심하고 따라갔다.

드디어 멈춰 선 자리에 다래 넝쿨이 연둣빛 자태를 뽐내며 유혹했다. 두 분이 다리 아픈 나를 배려해서 길가로 넘어온 다래 잎을 건네준 것이다. 나뭇가지를 붙잡고 아까운 물건 다루듯 산나물을 채취했다. 나무 한 그루에서 엄청난 양을 땄다. 오이 냄새 난다는 나물, 고추나물 등 알려 준 대로 질세라 빨리빨리 나의 보따리에 나물을 넣었다. 두 사람은 옆의 얕은 산으로 올라가 채취하는데 그 모습이 고양이가 쥐 발견한 듯 두 눈이 반짝반짝했다. 어찌나 욕심 있게 열심히 뜯는지 산을 타다 살짝 미끄러지기까지 했다. 그 모습이 어찌나 우습던지 모처럼 큰 소리로 웃었다.

솔직히 나는 그리 욕심이 있는 사람은 아니지만 이상하게 나물 욕심이 있다. 봄마다 산과 들에 너풀거리며 손짓하는 나물이 아까워 뜯으러 다녔지만, 어른이 되고 나서 산나물은 처음이다. 취나물을 더 뜯겠다고 자꾸 산에 올라가는 악착같은 모습, 미끄러지면서까지 악착같이 나물하는 모습에서 그들이 삶을 향해 어찌나 정열을 가지고 살아가는지 엿볼 수 있었다. 환갑 나이가 지났음에도 마치 용광로에 불처럼 식지 않는 열정과 순수로 오늘을 살아가고 있는 청춘 그 자체였다. 나 자신이 아프다고 아픈 상태에만 안주하려고 했던 사실에 부끄럽고 깊이 반성이 됐다. '나도 열심히 살 거야.'라고 마음속으로 외쳤다.

한 시간쯤 지나 집으로 돌아가는 길에 훈련 중인 탱크 무리를 봤다. 탱크 굉음으로 귀를 막고 서 있다가 지인을 따라 나도 손을 흔들어 주었다. 힘든 훈련 중에 만난 시골 할머니 같은 사람들의 환호도 고마운지 경례를 해 주는 군인들. 아들 같고 조카 같은 훈련병을 태운 탱크를 뒤로하고 우리는 발길을 돌렸다. 참 고마웠다. 이 할머니들은 찬을 위한 나물 전쟁, 군인은 나라를 지키기 위한 생존 전쟁을 하는 것이다.

산나물을 가지고 내려오는데 내 보따리보다 친구의 보따리가 더 불룩했다. 가만 보니 두 분이 한 보따리에 넣은 까닭이었다. 섭섭한 마음을 읽었는지 다음 주에 나물밥을 해 먹자는 제안에 시샘하는 마음이 눈 녹듯 사라졌다. 마을을 벗어나기 전 들나물도 조금 채취했다. 미련이 남아서인지.

"빨리 집에 가서 나물 삶아 먹어야지."라고 혼잣말로 중얼거리며 부지런히 집으로 와서 다듬어서 삶기 시작했다. 그야말로 속전속결, 전광석화이다. 나물할 땐 거북이요, 삶아 무쳐서 먹을 땐 토끼처럼 먹었다. 산나물은 고소하고 달며 맛이 순하고, 들나물은 향이 세서 삶아 물에 좀 담갔다가 나물을 무쳤다. 둘 중 하나를 택하자고 하면 나는 산나물 맛이 내 입맛에 더 좋았다. 들나물 중 최고로 쳤던 망초 나물보다 산나물 맛이 끝내준다는 걸 알게 된 날이었다.
"와, 화려한 봄날의 즐거운 나물 채취, 셋이 하였으니 3배의 즐거움이라." 내가 말하니 "엄마 오늘 나물 진짜 맛있네요."라며 같이 밥을 먹던 아들도 한마디 했다.
"내년엔 나도 같이 가요."
삼십이 넘은 아들은 어려서부터 봄만 되면 나랑 나물을 해 왔는데 지금도 재미있단다.

가끔 놀러 오라는 지인의 인사말을 떠올리며 다시 한번 그 들판을 그려 본다. 언제가 될지는 모르나 마음이 외로우면 바람처럼 그 들판에 앉아 있을 것 같다. 오늘 봄나물, 산나물 채취는 화려한 전쟁터의 신선한 봄바람이었다.

길 위의 사람들

이상하게 수원시는 다른 동네보다도 추운 듯하다. 딸 집에서 아옹다옹하다 집으로 돌아오는 길. 악의는 없지만 딸과의 관계는 누군가 말하길 애증 관계라고 한다. 보고 싶어 찾아가도 며칠 못 버티고 집으로 온다. 시외버스 터미널에 앉아 두어 시간 더 남아 있는 내 고향 가는 버스를 기다린다.

옛날에 비해 왕복 차가 확 줄었다. 시간을 놓치면 다음 시간 동안 꽤 기다려야 한다. 차가 준 이유는 구체적인 연구 발표는 없었지만, 인구가 줄고 지하철이 수도권 시골 동네까지 가다 보니 버스가 준 것 같다. 버스 요금이 상당히 비싼 편이다. 하지만 버스 애용자로서 노선과 순회 빈도가 줄어든 것은 유감이 아닐 수 없다. 가장 근본적인 문제는 인구 감소다. 그 문제가 모든 분야에 나타나고 있다. 초등 교육 인구수가 줄어 매년 학교에 학급이 줄고 있는 양상은 심각하다.

한창 젊을 때는 무턱대고 운전하는 바람에 수원, 안양, 경상도 등 정말 막 운전하고 다녔다. 눈이 오나 비가 오나. 다행히 큰 사고는 없었지만, 차츰 나이 들어 건강을 잃고 요즘엔 천천히 운전한다. 힘이 없어져서 이젠 수원이든 안양이든 큰 도시에선 운전하기 어려워서 버스를 타고 다닌다. 훨씬 자유롭고 덜 신경 쓰인다.

시간이 많이 남고 배가 출출해 터미널 편의점에서 컵라면과 그냥 빵에 유명 초코바 두 개를 샀다. 터미널 의자에 앉자 꾸역꾸역 먹었다. 의외로 편의점 직원이 상냥해 기분이 좋았다. 다시 한번 쳐다보니 눈 양쪽이 무언가 이상하게 바르게 있지 않았다. 하지만 친절했다. 무엇을 물어도 친절히 답해 주었다. "여기 쓰레기통이 어디에 있니?"라고 물어도 공손히 다 대답해 주었다. 그래서 마지막에 물건 하나 사서 가지고 나오면서 "젊은이 친절히 대해 줘서 고마워요."라고 인사를 하니 미소를 지었다. 여북하면 내가 이리 말해 줬을까. 요즈음 다니다가 길 위에서 만난 사람들은 대개 까칠한 사람이 많은데 친절한 사람을 보니 특이했다. 가만히 보니 몸이 다소 장애가 있는 불편한 사람이었다. 그래서 더 겸손한 느낌이다. 성서에도 "심령이 가난한 자는 복이 있나니 천국이 저희 것임이요"라고 쓰여 있다. 가만히 묵상하다 보면 무릇 인생은 공평하단 생각이 들 때가 있다. 나이를 먹어 가니 인생에 그리 슬플 일도 그리 기쁠 것도 없이 누구에게나 신이 우리에게 희로애락을 고르게 주셨다는 생각이 든다. 무엇 하나 잘나면 무엇 하나 부족하니 이래서 서로 상부상조하나보다고 깨닫게 된다.

고향 가는 버스를 타기 위해 근처로 이동해 의자에 앉아 있는데, 외손자 같은 애가 할머니 짐을 가지고 왔다. 젊은 손자가 드는 것이 당연한데 자꾸 짐을 본인이 들겠다고 다리를 절룩이시며 할마시가 안쓰러워하신다.

"할머니, 다리가 불편해 보이시니 의자에 앉아 계시고 짐은 다 큰 손자에게 맡기세요."

내가 말했다. 얘기하다 보니 80이란다. 다리는 절룩이시나 나이에 비해 젊어 보인다. 앉아서도 손자 걱정을 계속하길래 20대 청년 외손자보다 더 불편해 보이는 할머니 다리나 걱정하라며 앉으시라고 말했다. 수원시에 있는 딸네 집에 왔다 가신다며 제천시에 사신단다. "제천 의림지 저 알아요."라며 대꾸했다. 빙어 낚시하던 옛 생각이 나 잠깐 침묵의 시간이 흘렀다.

할머니는 잠시 후에 떠나시고 어느덧 차가 와서 나도 집으로 돌아오게 되었다. 고향 택시 기사님이 나를 맞았다. 쌀쌀한 택시 기사들보다 고향 시골 기사의 푸근함이 대조가 된다. 차가운 까다로운 표정에서 시골의 정 많은 따스함의 차이. 그 온도는 엄청났으나 근래 들어 많이 줄어들긴 했다. 대도시 운전기사도 대개 50, 60대 택시 기사가 많다 보니 택시 타고도 이런저런 말을 주고받을 수 있다. 같은 세대여서 통하기 때문이다. 그럼에도 역시 나는 시골 태생이고 시골의 향기가 몸에 맞는 것 같다. 그래서인지 아직은 구수한 시골 기사 아저씨에게 더 정이 간다.

4. 길 위에서 만난 사람들

길 위에서 만나는 사람들 포함 스쳐 지나가는 사람들과의 인연은 어쩌면 대단한 인연인 것이다. 물론 어떤 분은 같은 자리에서 일을 하기에 한 번 이상 만나게 되는 사람도 있고, 생전 처음 보고 못 보는 사람도 있지만 한 번이라도 스쳐 지나가는 인연은 가히 특별한 일이라 할 수 있다. 그러니 맨날 인연을 맺고 자주 만나 얘기하고, 심지어 한집에서 살기까지 하는 인연이 보통의 인연이겠나. 인연 있는 사람들에게 잘하고 살다 이 세상 즐겁게 굿바이하며 떠나갑시다.

쑥밭에서

 나는 요즘 쑥과 사랑에 빠졌다. 쑥을 안 캐도 산속에 있는 쑥밭을 머리에서 그려 볼 정도다. 그 밭은 밭 둔덕에 두릅이 일렬로 보초 서 있고, 봄 매실꽃과 살구꽃이 핀 언덕의 지휘 아래서 아직 어린 쑥이 자라고 있었다. 며칠 전 쑥을 자르면서 안 선생의 엄마가 쑥을 따던 이 밭에서 우리가 앉아 웃고 떠들며 신나게 쑥을 자르고 있다고 생각하니 만감이 교차했다. 바로 이 밭에서 인생을 녹여 내시며 자식들 입히고, 먹이고 하셨을 것이다. 열심히 일하던 모습이 그대로 클로즈업되어서, 안 선생 부모의 정성이 그대로 느껴졌다.

 오늘 함께 쑥 캐러 온 안 선생, 김 선생은 타고난 살림꾼이다. 나는 그들에 비해 초짜인 날라리 살림꾼이다. 공부할 때는 공부한다고, 직장 생활할 때는 직장에 다닌다며 살림을 놓았던 늦깎이 서툰 살림꾼이 나다. 오늘은 베테랑 살림꾼과 함께 쑥 캐러 산속 밭으로 들어갔다. 오늘 산등성이 언덕까지 차를 몰고 가 근처에 세워 놓고 드디어 쑥밭에서 두 분과 같이 쑥을 뜯었다. 워낙 쑥이 많아서 눈 빤짝이며 쑥을 찾아다닐 필요가 없었다. 서로 근처에 자리를 잡고 앉앉다. 다리가 불편해 의자를 가지고 왔기에 나는 의자에 앉아서, 두 분은 맨 종아리로 앉아서 했다. 아직은 건강한 두 분의 다리가 부럽다. 며칠 지나서 온 밭은 거의 쑥밭으로 변해 있었다. 사방 천지 쑥이라 각자 근거리에 앉아 얘기하면서 쑥을 자르니, 시간 가는 줄 몰랐다. 안 선생, 김 선생과 나는 살아온 시대가 같아 공통분모가 많고 공감되는 얘기도 많다. 얘기가 양념이 되어 막걸리 마신 듯 힘을 북돋아 주니, 얼떨결에 쑥을 많이 캤다.

계속 이어졌던 얘기 중 마음에 남은 얘기가 있다. 김 선생의 IMF 때의 이야기다. 남편 사업이 안 좋아져서 몇천만 원이 없어 사업을 접고 담보로 넣은 재산이 다 사라졌다고 한다. 그때 큰딸이 대학생이고 밑으로 고등학생, 중학생, 그리고 막내가 2살이었다. 부부의 피나는 노력으로 위기를 극복했고, 네 아이들이 모두 착실히 자라 대학 졸업하고, 취업하고, 잘 자라서 요즘은 옛날얘기를 하며 효도하고 있다. 고난을 극복한 것은 타인의 도움이 아니고 가족 스스로의 협동이었다. 얘기 끝에 김 선생은 '최악의 순간을 극복했기에 이제 어떤 시련이 와도 두렵지 않다.'라고 했다. 그 순간 마음이 짠했다.

또 안 선생은 돌아가신 부모님 밭에서 쑥을 하니 엄마가 많이 생각이 났었나 보다. 형제가 아들 둘에 딸 하나였는데, 안 선생은 딸이라는 이유로 어려서 차별을 받았다. 그 시대에 태어난 우리 또래들은 차별 안 받은 딸들이 거의 없을 것 같다. 정도의 차이가 있지만. 아버지보다 같은 여자인 엄마로부터 차별이 심했다. 언젠가 나도 엄마 살아 계실 때 엄마 집을 방문했는데, 우연히 부모님과 대화를 하게 되었었다. 엄마는 내 앞에서 분명히 말했다.

"내가 들판에 이 고생하는 게 아들 때문이지. 아들 없으면 무슨 재미로 살겠어. 딸은 있으나 마나."

딸이 있어서 아들이 더 고생하는 거란 말을 면전에서 처음 들었을 때, 충격이 너무 커서 눈물을 참다가 집으로 돌아가는 차 안에서 많이 울었다. 옛날에는 남아 선호 사상이 심했다. 특히 엄마가 여자인 우리 딸들 가슴에 상처를 많이 내셨다. 안 선생의 여러 차별 얘기를 들으면서 공감이 많이 갔다.

나는 어느 방송에 나온 실화를 소개했다. 홀어머니가 3형제를 기르는데 엄마를 업신여기고, 말도 안 듣고, 둘째가 방까지 빼앗아서 거실 생활하는 어떤 엄마의 얘기다. 과연 모든 것을 다 받쳐서 자식을 길러야 하는가, 자식이 성인이 되면 스스로 자기 길 가게 놔두고 엄마는 자신을 돌아봐야 하는가? 그 방송에 전문가는 성인이 된 자식은 스스로 독립하도록 놔두고 엄마가 자신을 찾아가야 애들도 독립할 수 있는 거라고 과감히 충고했다. 화장하고 데이트도 하고 어머님이 변해야 애들도 변한다고 했다. 실제로 방송사에서 기획하여 알맞은 남자분을 섭외해 데이트도 하고, 옷도 멋지게 입고 변신을 하자, 바뀐 엄마를 보고 자식들이 모두 놀랐다. 첫아들이 며칠 뒤 집에서 나가 독립하고, 둘째 아들도 엄마 눈치를 보더니 방 내놓고 자취방 알아보았으며, 집에는 고등학생인 막내만 남게 되었다. 개인적으로 자식이 성인 나이가 되면 부모하고 매었던 끈을 풀어 놓아 주고, 엄마도 엄마 인생 찾아야 한다는 전문가의 말에 전격 동의한다. 막상 닥치면 실천이 어렵더라도, 이래야 애들도 결국 제자리를 찾을 것이다.

 쑥밭에서 이어진 대화는 결국 우리 사회 어느 가정에나 있는 문제로, 가정 문제, 사회 문제부터 경제 문제까지 걸쳐진 대화였다. 세 아줌마의 쑥밭 대화는 평범하면서 아주 질이 높았다. 쑥으로 시작된 만남이지만, 쑥을 하면서 동시에 인생의 문제에 관한 대화도 나누니 시간을 알뜰히 쓴 만남이 아니겠는가?

 두어 시간 하니, 쑥이 어느 정도 모였다. 누가 많이 했는지 은근히 비교해 보고 싶어서 보니까, 그날 안 선생 1등, 김 선생이 2등, 내가 마지막이었다. 역시 살림꾼들은 다르다. 나이가 드니 건강한 음식에 관심을 두게 되었다. 그 결과 쑥으로 관심이 가게 되었다. 그 동안 달맞이, 망초나물만 좋다고 해 먹다가, 며칠 전에 쑥 빈대떡을 해서 먹었는데, 너무 산뜻하고 몸에 병이 많이 나은 것 같았다. 어제, 그제 이틀 동안 쑥을 넣은 밥을 해 먹었다. 밥맛도 어린 쑥이라 독하지 않고 은은한 것이 풍미가 일품이었다. 올해는 쑥을 정리해 씻어서 물기를 쭉 빼고 비닐 팩에 한 번 먹을 만큼만 넣어 소분했다. 그렇게 12개의 팩을 만들어 냉장고에 넣어 놓았다. 마음이 부자가 된 느낌이다.

오늘 안 선생이 한 말 중 엄마가 하늘로 가시기 전에 "내가 죽으면 누가 와서 나물해서 먹을까?"라 했다고 한다. 그 딸과 친구들이 와서 해 먹고 있으니 편안히 하늘나라에서 잘 지내기를 기도해야겠다. 비록 우리들은 딸로 태어나 시대적으로 아들과 차별받아 컸지만, 마음 깊은 곳에서 엄마들도 울고 계실 것이다. 커서 힘들고 지칠 때 그래도 나를 위로해 준 마지막 한 분은 엄마다. 그리고 그 엄마는 쑥이 자라고 있는 자연의 밭이다. 오늘은 쑥으로 인해 부모의 마음을 다시 한번 더 헤아린 날이 되었다. 올해 쑥은 아직도 많이 남았지만, 그 밭을 갈아서 필요한 작물을 심어야 하기에 곧 갈아엎어야 한다. 더 큰 미래를 위해, 밭을 갈아 멋진 채소 키우기를 기대하면서 쑥밭에서…….

보름달의 유혹

　초등학교 저학년 때의 일이다. 거의 마을에 나가 노는 일이 없었던 나는, 가끔 달이 환히 뜨는 밤이면 어쩌다 동네 아이들의 초청을 받았다. 특별히 달 밝은 밤을 택한 이유는 초등학생은 시골의 깜깜한 밤을 무서워하기 때문이었다.
　"정숙이네 엄마, 아버지가 외가댁 가셨대."
　"야, 그 집에서 오늘 모여 놀자."
　모처럼 가기로 하고 달이 환히 뜨는 긴 겨울밤, 부모님의 허락을 받고 나가게 되었다. 잘 어울리지 않아 마을 아이들과 친근감은 없었다. 어린이들이지만 어른들 치는 화투 놀이를 옆에서 보고 컸기에 우리들은 화투를 잘했다. 돈이 없던 우리들은 결국 화투로 매 맞기 내기를 하였다. 매 맞기는 말 그대로 손목 맞기, 이마 딱밤 맞기다. 겁이 많았던 나는 처음부터 기권했다.

　마을 아이 중 지원한 사람은 역시 덩치깨나 있는 아이로 우리보다 1, 2학년 높은 애들이다. 처음엔 매도 안 아프게 때리고 웃으면서 분위기 좋게 시작했다. 언니들이 매를 서로 주고받다가, 나중에 2명 정도 남으면 때리는 강도가 점점 세진다. 서로 세게 맞았다고 주장하면서 2명은 악착같이 포기를 안 하고 서로를 죽일 듯 팼다. 급기야 더 억울한 쪽에서 화투판을 뒤엎고 서로 엉겨서 '이×, 저×' 하며 치고받고 싸웠다. 모두 일어나 싸움을 말리는 척한다. 제일 재미있는 것이 싸움 구경이다. 처음엔 누가 센지 보려고 싸우게 내버려둔다. 솔직히 구경 좀 하다가 못 이기는 체 말렸다. 머리가 뽑히고 코피가 나면 그제야 말리려고 일어나 양쪽을 떼어 놓았다. 코피 먼저 낸 아이가 이긴 거다. 판 끝나는 시간은 자정 무렵. 무서운 밤에 친구 집에서 나오면, 밝게 웃는 보름달은 집에 있는 예쁜 인형만큼이나 반가웠다. 추운 밤 환한 보름달 길 따라 집을 향해 마구 달렸다. 그 시절에 길은 길었다. 어른 돼서 가 보니 짧은 길에 옹기종기 붙은 시골 마을. 어려선 왜 그리 멀고 큰 마을 같았는지. 달 밝은 밤에 급히 뛰어 마지막 우리 옆집까지 도착하는 순간, 저편 오른쪽에서 큰 늑대가 달려왔다. 난 늑대가 오는지도 몰랐다. 정말 덩치가 개보다 컸다. 그런데 와서 물려는 순간 놀라서 기암하며 "으악, 으악!" 나도 모르게 무의식적으로 큰 소리를 질렀다. 놀라 소리 지르니, 달려오던 늑대는 나보다 더 놀라서 다른 쪽으로 달아나 버렸다. 그때 어찌나 놀랐는지 눈물도 안 났다. 그저 살았다는 안도감만이 들었다. 그때 온 식구는 코까지 골며 자고 있었다. 그 후 달밤에 질주하는 나와 늑대는 꿈에 자주 나타났다. 누구에게도 하얀 달밤에 늑대와 만난 것을 말하지 않았다.

어려서는 차가운 달빛이 유난히 파란색을 띠었다. 근래엔 추석이 오면 보름달은 추석의 열기로 그런지 붉고 더 따스한 느낌이다. 하늘나라 간 엄마의 음식과 송편 내음을 담고 나를 울린다. 어느 한 날 보름달을 보며 홀린 듯 아파트를 벗어나 길가로 나섰다. 시내 중심엔 전깃불로 달빛이 빛을 잃었지만, 시 변두리인 내 아파트는 달빛이 아주 곱다. 달빛 따라서 홀린 듯 내려가니 청소년들의 명랑한 웃음소리가 들려서 기분 좋았다. 몇 걸음 더 가니, 자정도 안 돼서 술집 안에서 싸우는 소리, 개인 집 담장 밖으로 새는 부부 싸움 소리가 들려왔다. 삶은 희로애락이지 아름다운 것만 있는 건 아니다. 이 모든 걸 환한 달빛이 모두 품고서 가고 있었다.

요즘도 창밖으로 보름달이 비치면 자려다가도 벌떡 일어난다. 초승달, 그믐달 보름달 중 보름달을 가장 좋아한다. 보름달에 비친 빌딩이나 아파트 등이 보름달 아래 조용히 숨죽이고 있으면, 성경 이야기 속 야곱이 돌베개 베고 잤던 수만 년 전의 태고의 세계로 안내한다. 현재의 달과 그 옛날 멀고 먼 세상 속 달이 같이 만나 조우한다. 더욱 큰 보름달로 변신해 많은 얘기를 들려준다. 현대 빌딩 숲속에서 휘황한 보름달은 환한 만큼 많은 걸 담고 오늘도 흘러서 간다.

강변에서 만난 새 친구

나는 지금 쌀, 보리, 강낭콩, 완두콩 그리고 아로니아를 넣어 저녁밥을 해 먹고 있다. 먹으면서 낮에 만났던 그분을 떠올렸다. 바로 그분이 아로니아를 밥에 넣어 먹으면 건강에 좋다고 말씀하셨다. 그분은 2022년 늦가을 강변 산책에서 우연히 만났던 74세 되는 여성분이다. 한겨울 지나 봄에 만나자고 약속했던 말을 기억하고 난 매일은 아니어도 가끔 강가에 산책하러 가서 그분을 만나고자 했다. 그러나 최근엔 영 못 만났다. 물론 12시 무렵 우리가 만났던 그 시간에 나가서 기다려 보곤 했었다. 그즈음 더워서 텅 빈 강가에 산책하러 오는 사람도 별로 없었다. 그럭저럭 봄에서 여름이 다가왔다.

그러던 어느 날 오전 11시쯤 그 강가로 가며, '오늘 못 만나면 날 잡아서 도시락 싸 들고 하루 종일 있어 봐야지.' 하는 생각이 들었다. 무슨 중요한 인물이기라도 한 것처럼. 개를 자전거에 태우고 산책하는 올해 75세의 할머니. 한데 왜 나는 그분을 기다리는지 이유를 알 수 없었다. 지난 가을 한 달여 정도 만나면서 이런저런 얘기를 나름 많이 해서일까? 하지만 그분과 내가 한 대화 속에는 뭔가 필요한 얘기가 빠져 있었다. 이름이 뭔지, 전화번호가 뭔지도 모르고 대충 능서란 마을 쪽에 산다는 말만 들었을 뿐, 그냥 오고 가면서 안부와 건강 이야기 정도만 주고받았다. 그날은 11시쯤 갔더니 세상에 나 무릉도원, 지상천국이 따로 없을 정도의 강변 풍경이 펼쳐져 있었다. 2주 만에 나왔더니 그야말로 강변은 금계국과 망초꽃으로 온통 뒤덮여 있었고, 그 향기에 나비는 웃으며 날았다. 불편한 다리를 이끌고 나도 정신없이 다니며 강가를 빙 둘러 사진을 찍고 또 찍었다. '하나님이 주신 아름다운 강산, 이보다 더 아름다울 순 없어.' 하고 1시간을 얼굴이 벌게져서 돌아다녔다.

한 12시쯤 막 집에 가려고 차에 시동을 넣는데 저만치 자전거에 강아지 한 마리 싣고서 막 강가 공원으로 들어서는 이가 있었으니 바로 그분이었다. 목표로 한 사람이 도착하니 어둡던 시야마저 환해졌다.
"안녕하세요~, 안녕하세요~"
산도 아닌데 메아리치듯 '안녕하세요'를 크게 외치자, 그분이 자전거 위에서 환하게 웃었다. 나도 공원 벤치 그늘에 앉아 그분을 보면서, "만나기를 학수고대했어요. 왜 그간 안 나오셨어요?"라고 여쭈니 매일 나오셨단다. 어쩌다 공원에 나간 사람이 나라는 거다. 길이 엇갈렸던 거고. 그래도 만날 사람은 언젠가 만나진다더니. 그간 못 나눈 얘기와 궁금한 점을 서로 즐겁게 주고받았다. 그분도 나를 만나고자 했다니 이심전심 아닌가. 암튼 그분은 그날 흥분했는지 너무 많은 말씀을 하셨다. 그래서 그분을 좀 더 알게 되긴 했다. 서울서 부동산으로 돈을 많이 벌었고, 신학대를 나와 목사 안수를 받았으며, 현재는 건강이 너무 안 좋아서 여주에 내려와 아파트도 사고, 능서에 집과 텃밭을 사셨다나, 도지를 주고 사신다나, 그 점은 분명하게 못 들었다. 그리고 강원도 횡성에 2만 평 넘는 땅이 있단다. 땅덩어리가 커 안 팔린다고 하는 말씀까지 순식간에 쏟아 놔 머리가 어질어질했다. 그분은 본인 자랑을 하기 위해, 날 그렇게도 만나고 싶었나 보다. 지나가는 말이지만 우연히 본인 이름까지 말했다. '내게 남은 숙제가 있었구나.'라고 난 속으로 웃으면서 "매일 10시쯤 만나는 것이 어때요? 요즘 덥기도 하고요."라고 말했다.

그때 그분은 "그럽시다."라며 아주 흔쾌히 말했다.

그날 내가 그분에 대하여 알게 된 사실은 그분 인생 전반에 관하여서다. 하지만 그분은 내게 이름부터 살아온 인생 전반은커녕 부분도 묻지 않았다. 나도 묻지를 않아서 말하지 않았다. 공무가 아닌 사적인 일은 알고 싶어 하지 않는 사람들께는 말하지 않는 것이 내 철학이기도 하다.

그분은 지난 늦가을보다 건강한 모습으로 나왔다. 허리디스크인데 1억 8천만 원어치 약을 먹었다고 자랑을 또 했다. 그래서 지금은 많이 나았단다.

"정말이세요?"

내가 놀라며 되물었다. 그렇다니 그런 줄 알고 넘어갔지만, 그쯤에서 난 그분의 말씀이 어느 정도 허황함이 있음을 알았다. 인간은 진짜 모습보다 약간의 허풍을 넣고 싶어 하니까. 진실이 무엇인지 묻고 싶지 않았다. 나란 사람도 누가 말하는 대로 넙죽넙죽 믿는 사람이라기보단, 그러기에는 나이를 먹었고 세상 때가 묻어서 일단 의심도 하니까. 그날 꼭 만나 듣고 싶었던 그분의 푸짐한 자랑을 들은 비싼 날이 되었다. 내가 듣고, 그분은 못 들었으니 나만 게임에서 부전승으로 올라간 것이다.

그날 이후 매일 10시에 만나자고 약속이 되어서, 난 다음 날도 그 다음 날도 강변에 나가 산책을 하며 기다렸다. 만나자고 약속했던 그분을 그 뒤로 못 뵈었다. 몇 번의 만남에서 그분은 지키지 못할 약속도 언제나 정말처럼 흔쾌히 쉽게 하시는 분이란 걸 알았다. 오전 10시에 만나자고 약속하고 헤어졌기에, 강가에 나가 습관처럼 강아지와 자전거 타고 오시는 75세 된 그 여성분을 기다려 보았다. 찰떡같은 약속이라고 여겼던 건 나 혼자만의 생각인가 보다. 아니면 치매가 걸려서 기억을 못 하시는 분일 수도. 그분은 그날 많은 것을 얘기하고 숙제 다한 듯 안 나타났다. 아니면 또 어긋난 걸음과 길 속에서 둘 다 서 있을 수도 있고…….

난 씁쓸히 웃으며 "그래 인간은 각자 자기만의 세계가 다름을 인정해야 해."라고 혼잣말을 중얼거렸다. 그러함에도 불구하고 그분을 통해 배운 점이 하나 있었다. 전혀 몰랐던 타인이 다소 허황한 말씀을 해도, 걷는 길 속에서 만난 사람과 사람은 수학 문제 풀 듯 정확

하지 않아도 나름 길벗이 되어 친구가 될 수 있음을 깨달았다. 어느 날 또 우연히 길 위에서 만나면 더 크게 함빡 웃어 드리리다. 그러나 몇 년이 흘러도 그분은 그 뒤에도 나타나지 않았다. 내게 남겨졌던 숙제를 다 하셨으니 가도 '괜찮아' 하는 생각이 든다. 만나던 분이 가끔이라도 나오다가 안 나오니 혹시 세상을 달리하셨나 하는 방정맞은 생각이 들며 못 만남에 그리움의 눈물이 흐른다.

"어디 있는지 모르는 길벗이여! 잘 가시게! 짧은 인연도 아름다운 것!"